Petra Wolff
Sportwetten gewinnen – Schritt für Schritt

AF222861

Petra Wolff

Sportwetten gewinnen – Schritt für Schritt
Das stressfreie Zusatzeinkommen

Bibliografische Information der Deutschen Nationalbibliothek:
Die Deutsche Nationalbibliothek verzeichnet diese Publikation
in der Deutschen Nationalbibliografie; detaillierte bibliografische
Daten sind im Internet über http://dnb.d-nb.de abrufbar.

Herstellung und Verlag: Books on Demand GmbH, Norderstedt

ISBN: 9783839114551

Inhalt

Die vorliegende Überarbeitung bezieht sich auf die Korrektur von Fehlern der ursprünglichen Ausgabe. Die Daten und Beispiele stammen nach wie vor aus dem Jahr 2009. Die beschriebenen Prinzipien lassen sich jedoch auch auf aktuelle Daten anwenden. Inzwischen wurde in Deutschland die Wettsteuer eingeführt, die einige Anbieter von ihren Kunden einziehen. Entsprechend sind die Quoten und Zielumsätze je nachdem, wie das der jeweilige Anbieter regelt, in den Kalkulationen anzupassen. Ansonsten funktionieren die Berechnungen wie beschrieben. Weiterhin ermöglichen die meisten Anbieter inzwischen Ein- und Auszahlungen per PayPal. Dadurch wird die Benutzung einer Kreditkarte überflüssig.

Vorgeschichte

Waren Sie schon einmal auf einer Pferderennbahn? Ich kann Ihnen sagen, das ist eine feine Sache – für den Wettanbieter! Sie wetten zum Beispiel auf ein bestimmtes Pferd, nehmen wir an, Sie setzen eine Platzwette, d. h. Sie wetten, dass das Pferd einen der drei ersten Plätze belegt. Schafft es das nicht, haben Sie Ihren gesamten Einsatz verloren. Ist das Pferd jedoch schnell genug, erfahren Sie erst danach, wie viel Sie gewonnen haben, denn die Quoten werden erst nach dem Rennen bekannt gegeben. Haben sehr viele Leute die gleiche Wette abgegeben wie Sie, gewinnen Sie weniger. Es kann Ihnen sogar passieren, dass Sie nur Ihren Einsatz zurückerhalten. Haben allerdings nur sehr wenige die gleiche Wette wie Sie abgegeben, fällt Ihr Gewinn etwa höher aus, was allerdings recht selten der Fall ist.

Es ist nun etwa elf oder zwölf Jahre her, dass ich durch einen Zufall eine Pferderennbahn besuchte. In den Nachrichten eines regionalen Fernsehsenders wurde berichtet, dass am Sonntag auf der Galopprennbahn Hoppegarten ein Renntag stattfinden sollte. Dazu wurden Bilder aus dem Vorjahr gezeigt. Das Ganze sah interessant aus. Ich war noch nie bei solch einem Rennen gewesen, hatte an dem Tag noch nichts anderes vor, und es war schönes Wetter. Also machte ich einen Sonntagsausflug nach Hoppegarten. Ich kaufte mir ein Programmheft und schaute mich um. Es wurde gerade ein Rennen angekündigt und die Pferde wurden vorgeführt. Eines gefiel mir besonders gut. Ich weiß nicht mehr warum, ich weiß auch nicht mehr, wie es hieß. Ich ging zu einem Wettschalter und wettete auf dieses Pferd, einfach so. Das Rennen wurde gestartet, mein Pferd fiel zurück und wurde Letzter. Nun ja, das war ja nicht so schlimm. Trotzdem war es recht spannend gewesen. Ich setzte mich danach irgendwo in Ruhe hin und studierte mein Programmheft. Dabei stellte ich fest, dass es ein Rennen gab, an dem nur sechs Pferde teilnehmen sollten. Also beschloss ich, auf ein Pferd in diesem Rennen zu setzen, da schon durch die geringe Teilnehmerzahl die Chance zu gewinnen höher sein würde. Ich suchte mir das Pferd aus, welches laut der dort aufgeführten Statistik bisher die besten Ergebnisse erzielt hatte, also den Favoriten, und setzte auf Sieg. Als ich mich vom Wettschalter wieder auf den Weg zur Rennbahn machte, schoss mir auf halber Strecke ein Gedanke durch den Kopf: Was ist, wenn mein

Pferd den Sieg nur knapp verfehlt? Also ging ich zurück zum Wettschalter und setzte dasselbe Pferd noch auf Platz, damit ich in dem Fall wenigstens einen Trostpreis bekommen würde. Was soll ich sagen, dieses Pferd wurde tatsächlich Sieger! ich hatte also meine beiden Wetten gewonnen. Und obwohl ich auf den Favoriten gesetzt hatte, fielen die Quoten trotzdem recht gut aus. Wahrscheinlich hatten nicht so viele Leute so wie ich gesetzt, weil sie sich gedacht hatten, dass es doch nicht lohnen würde, oder warum auch immer. Na egal, ich war jedenfalls hocherfreut, beobachtete die restlichen Rennen, wettete noch ein paar Mal, einen Teil gewann ich, einen Teil verlor ich. Insgesamt verlor ich nun etwas mehr als ich gewann, aber ich verspielte meinen vorher erzielten Gewinn nicht völlig. Als ich nach Hause fuhr, zog ich Bilanz und stellte fest, dass ich den Renntag trotz Kosten für Eintritt, Programmheft und ein Eis noch mit einem kleinen Plus beendet hatte. Außerdem war es dort sehr nett gewesen und ich war den ganzen Nachmittag an der frischen Luft.

Ich hatte also Gefallen an Pferderennen gefunden und wollte das sobald wie möglich wiederholen. Allerdings fanden Galopprennen nicht so häufig statt. Aber ich erfuhr, dass fast jeden Samstag auf der Trabrennbahn in Berlin-Karlshorst Renntag war. Also fuhr ich das nächste Mal dorthin. Wieder war es ein schöner warmer Tag mit angenehmer frischer Luft und es waren einige Rennen geplant. Mir war es schließlich egal, ob nun Jockeys auf den Pferden saßen oder Fahrer im Sulky von den Pferden gezogen wurden. Irgendwie fand ich Trabrennen sogar noch interessanter. Ich beobachtete alle Rennen und gab jedes Mal eine „wohlüberlegte" Wette ab. Meine Überlegungen bestanden aus dem Lesen der Statistik und dem Betrachten der Pferde, bevor ich setzte. Allerdings gingen fast alle Wetten schief. Es gab nur noch ein letztes Rennen und viele Zuschauer waren schon gegangen. Ich beschloss, als meine letzte Wette nun eine Zweierkombination zu setzen, d. h. zu tippen, welches Pferd den ersten und welches den zweiten Platz belegen wird. Dass ein Gewinn einer derartigen Wette recht unwahrscheinlich ist, war mir egal. Hatte ich schon bisher fast alle Wetten verloren, kam es auf die letzte auch nicht mehr an. Ich wählte die Pferde dafür auch nicht sorgfältig aus, sondern setzte einfach auf die Startnummern, die meinem Geburtsdatum entsprechen. Auch fiel mein Einsatz etwas höher aus als bei den vorherigen Wetten. Und was passierte? Das Schicksal meint es manchmal gut mit einem. Ich gewann die Wette.

Ich bekam mehr heraus, als ich vorher insgesamt verloren hatte. Aber ich hatte den Wink des Schicksals wohl nicht richtig verstanden. Es wollte mir wahrscheinlich sagen: „Hier hast du alles zurück und noch einen kleinen Bonus für deine Bemühungen. Aber nun geh und lass es gut sein!" Ich kam wieder und wieder. Wer nun in schadenfroher Erwartung auf eine Schilderung lauert, wie ich mich an den Rand des Abgrundes manövrierte, den muss ich enttäuschen. Denn ich verlor zwar mehr als ich vorher gewonnen hatte. Aber ich war zu vernünftig. Meine Einsätze waren nicht so hoch und irgendwann verlor ich das Interesse am wöchentlichen Rennbahnbesuch. Ich ging dann nur noch selten zu Pferderennen und wettete dann auch nur manchmal.

Später, mit der fortschreitenden Verbreitung des Internets, tauchten immer mehr Online-Wettanbieter auf. Diese habe ich zunächst jahrelang ignoriert. Irgendwann kam ich auf die Idee, Untersuchungen zu Möglichkeiten der Geldanlage und der Geldvermehrung anzustellen. Dabei wollte ich das Thema von allen möglichen Seiten aus betrachten und vor allem nach unkonventionellen, aber in jedem Fall legalen, Methoden suchen. Das wollte ich alles systematisch geordnet, bewertet und zusammengefasst zu Papier zu bringen. Natürlich gehörte dazu auch eine Betrachtung, ob man durch Online-Wetten Geld vermehren könnte. Ich war ziemlich skeptisch, denn aufgrund meiner Erfahrungen mit den Pferdewetten war ich der Meinung, dass das wahrscheinlich nicht möglich wäre. Trotzdem fing ich an, gründlich zu recherchieren, fremde Tipps und Strategien, die ich im Internet fand, zu analysieren. Aus allen diesen Informationen und eigenen Überlegungen entwarf ich eine Strategie, die einem zu relativ sicheren Gewinnen verhilft. Das war so interessant und erfolgreich, dass ich mein ursprüngliches Vorhaben zunächst verschoben habe und mich in diesem Büchlein nur auf die Sportwetten konzentriere.

Meine Strategie besteht aus drei Schritten. Im ersten und zweiten Schritt werden Bonusangebote von Wettanbietern ausgenutzt, um damit Gewinne zu erwirtschaften. Mit diesen wird im dritten Schritt weitergespielt, um noch höhere Gewinne zu erzielen. Wir setzen dabei nur im ersten Schritt eigenes Geld ein. Diesen Einsatz bekommen wir nach ein paar Wochen zurück. Danach wird ausschließlich gewonnenes Geld eingesetzt. Wir riskieren damit also kaum etwas. Und das Schöne daran ist, für die ersten beiden Schritte braucht man überhaupt keine Ahnung vom Sport zu haben. Erst im dritten Schritt, wenn es darum geht, kontinuierlich weitere Gewinne zu erzielen, muss man ein wenig nachdenken, aber eben nur ein wenig.

Weiterhin wird das alles eine ziemlich ruhige Angelegenheit, man kann alles in Ruhe überlegen und durchrechnen. Deshalb verwende ich keine Live-Wetten, womit auch Wettbörsen außen vor bleiben. Wer so etwas mag, kann das gerne tun, es gibt inzwischen auch darüber recht gute Literatur. Nun aber zu meiner ruhigeren Strategie.

Was braucht man dazu?

- Einen Internetzugang und eine E-Mail-Adresse.
- Startkapital. Optimal sind ein paar Hundert Euro, die man für einige Wochen nicht benötigt.
- Ein Girokonto ist zwingend erforderlich, am besten ein Online-Konto, denn dann werden Überweisungen schneller ausgeführt. Ein Tagesgeldkonto zum Zwischenparken der Gewinne ist von Vorteil.
- Eine Kredit- oder Debit-Karte, z. B. VISA wäre optimal, ist aber nicht zwingend erforderlich. Diese sollte man sowieso nur benutzen, wenn es nicht anders geht.

Schritt 1: Bonus

Sportwetten-Anbieter werben mit Bonusangeboten um neue Kunden bzw. versuchen mit weiteren Bonusangeboten, inaktive Kunden wieder zum Wetten zu animieren. Diese Bonusangebote sind mit Bedingungen verbunden, die meist so aussehen, dass man erst einen bestimmten Gesamtbetrag in Wetten umgesetzt haben muss, bevor man sich Guthaben bzw. Gewinne auszahlen lassen kann. Sonst könnte ja jeder einfach den Bonus kassieren ohne zu wetten. Trotzdem ist es relativ einfach, die eingezahlten Beträge und zusätzlich einen großen Teil der Bonusbeträge zu behalten und sich auszahlen zu lassen, indem man mit mehreren Wettkonten bei verschiedenen Anbietern spielt und dabei jeweils ein Wettkonto zugunsten eines anderen leert. Dabei sind jedoch einige Feinheiten zu beachten. Ich werde Stück für Stück darauf eingehen und ein ausführliches Beispiel durchspielen.

Wenn man irgendwann alle geeigneten Neukunden-Bonusangebote ausgeschöpft hat, gibt es weitere Möglichkeiten, mit Gewinn weiterzumachen. Auch diese sind kaum oder nur mit sehr geringem Risiko verbunden.

Was in diesem Schritt beschrieben wird, eignet sich umso besser für Sie, falls Sie bei so wenigen Wettanbietern wie möglich Wettkonten haben, idealerweise bei noch gar keinem. Falls das nicht auf Sie zutrifft, können Sie die hier beschriebenen Methoden zwar nicht in dem Maße umsetzen, aber einiges wird trotzdem möglich sein. Eventuell finden Sie neue Anbieter, bei denen Sie noch Bonus bekommen können.

Suchen Sie sich zunächst ein paar Wettanbieter mit guten Bonusangeboten. Diese finden Sie im Internet, wenn Sie in eine Suchmaschine einfach „Sportwetten Bonus" eingeben. Sie werden dabei garantiert Seiten finden, auf denen Sportwetten-Anbieter mit Bonusangeboten aufgelistet werden.
Eine sehr gute derartige Seite ist z. B. www.wettbasis.de. Dort gibt es direkt einen Link „Wett-Bonus", unter dem Sie eine umfangreiche Auflistung finden. In manchen Fällen gibt es sogar noch Extra-Bonus, wenn man sich über einen Link von dieser Seite anmeldet.

Zu jedem Anbieter sind dort die Bonusbedingungen beschrieben. Sie sollten aber in jedem Fall noch einmal direkt beim Anbieter nachlesen, und auch wenn es zunächst ein wenig Arbeit macht, sollten Sie ebenfalls die Allgemeinen Geschäftsbedingungen bei den einzelnen Anbietern lesen.

Am besten betrachten wir ein konkretes Beispiel. Nehmen wir zunächst die drei ersten Anbieter, die bei Wettbasis aufgelistet werden. Derzeit (im Januar 2009) sind das Sportingbet, Expekt und Bet365.

Sportingbet:

Hier bekommt man derzeit als Neukunde für eine Einzahlung von 10 bis 100 € einen Bonus von 100 %, also 10 bis 100 € dazu.
Die Bonusbedingungen sind: Innerhalb von 3 Monaten muss man einmal den Einzahlungsbetrag und 5-mal den Bonusbetrag in Sportwetten mit einer Mindestquote von 1,5 umsetzen. Erst dann ist man zu einer Auszahlung berechtigt, ohne dass der Bonusbetrag verfällt.

Expekt:

Hier gibt es auf die erste Einzahlung von 10 bis 75 € einen Bonus von 100 %, also 10 bis 75 € dazu.
Die Bonusbedingungen: Innerhalb von 6 Monaten muss man den dreifachen Einzahlungsbetrag und den dreifachen Bonusbetrag in Sportwetten mit einer Mindestquote von 1,5 umsetzen.
Hinzu kommt noch, dass man bei Anmeldung über einen Wettbasis-Link zusätzliche 10 € Bonus bekommt, wenn man mindestens 50 € eingezahlt hat. Auch diesen Bonus muss man 3-mal umsetzen.

Bet365:

Auf einen Einzahlungsbetrag von 100 € gibt es 100 € dazu.
Die Bonusbedingungen: Innerhalb von 90 Tagen müssen Wetten für den dreifachen Einzahlungsbetrag und den dreifachen Bonusbetrag mit einer Mindestquote von 1,5 gespielt werden. Bestimmte Wettarten sind ausgeschlossen. Das sind asiatisches Handicap, Ziellinie- und Baseball-Wetten. Der Einzahlungsbetrag muss zunächst einmal in Wetten eingesetzt werden, um mit dem Bonusbetrag wetten zu

dürfen, d. h. es darf zuerst maximal bis zu 100 € gesetzt werden. Danach darf alles, was man hat, verwendet werden.

Wichtig:

Bei manchen Anbietern funktioniert die Bonusgutschrift automatisch. Bei anderen muss man eine E-Mail schreiben. Das steht aber alles auf den jeweiligen Seiten des Anbieters. Wenn etwas unklar ist, zögern Sie nicht, eine E-Mail an den jeweiligen Kundenservice mit Ihren Fragen zu schreiben.

Weiterhin ist es sehr wichtig, darauf zu achten, dass der Anbieter möglichst über eine gesicherte Verbindung (SSL) zu erreichen ist. Das erkennen Sie daran, dass die Angabe in der Adresszeile Ihres Browsers mit https beginnt anstatt nur mit http. Ansonsten überträgt man seine Daten – ebenso später sein Log-in – unverschlüsselt über das Internet. Darauf sollte man dann lieber verzichten.

Wenn es möglich ist, per Überweisung einzuzahlen, was zu Zeiten des geeinten Europas nun keine Hürde mehr sein sollte, ziehen Sie diese Zahlungsmethode der Kreditkarteneinzahlung vor. Das dauert zwar in der Regel ein paar Tage, aber das ist in Ordnung, denn Sie stehen hier nicht unter Zeitdruck. Es ist deshalb von Vorteil, die Kreditkarte nicht zu benutzen wenn nicht unbedingt nötig, weil es zum einen bei den meisten Anbietern Gebühren von 2 bis 3 % des Einzahlungsbetrages kostet, und weil zum anderen manche Anbieter vor der ersten Auszahlung neben einer Personalausweiskopie auch eine Kopie der verwendeten Kreditkarte verlangen. Allerdings würde man hier einen Teil der Zahlen schwärzen, aber das wäre unnötiger Aufwand bzw. zusätzliche Preisgabe von persönlichen Daten.

Nun also weiter mit unserem Beispiel:

Wir nehmen also an, wir haben bei den drei o. g. Anbietern jeweils ein Wettkonto eröffnet, bei Sportingbet und Bet365 jeweils 100 € und bei Expekt 75 € eingezahlt. Bei Sportingbet und Bet365 haben wir jeweils einen Bonus von 100 € und bei Expekt einen Bonus von 75 € und den zusätzlichen Wettbasis-Bonus von 10 € erhalten.
Stellen wir das Ganze übersichtlich dar und behalten auch die Bonusbedingungen im Auge:

	Anbieter 1	Anbieter 2	Anbieter 3	gesamt
Anbieter-Name:	Sportingbet	Expekt	Bet365	
Einzahlung:	100	75	100	275
Bonus:	100	85	100	285
Startguthaben:	200	160	200	560
Zielumsatz:	600	480	600	1.680
Mindestquote:	1,5	1,5	1,5	
Termin:	Ende April	Ende Juli	Ende April	
Sonstiges:			Zuerst Einsatz von 100 € umsetzen, verboten: asiatisches Handicap, Ziellinie, Baseball	

Unser Ziel ist nun, durch „Hin- und Herspielen" den Zielumsatz auf null zu drücken und dabei den Einzahlungsbetrag und möglichst viel vom Bonusbetrag zu behalten.

Ich will dazu heute mal eine geeignete Wette suchen. Ich möchte eine einfache Wettart verwenden, die überall zulässig ist. Ich schaue mal bei Tennis nach. Es ist gerade der 27.01.2009, etwas nach 21 Uhr. Ich sehe mir Wetten an, in denen man voraussagen soll, wer das Match gewinnt, also einfache Siegwetten. Dazu schaue ich mal nach, was bei den drei oben genannten Anbietern so aufgelistet ist.

Es finden gerade die Australian Open statt. Bei Sportingbet finde ich dazu folgende Wetten:

Anbieter:	Sportingbet		
Veranstaltung:	Tennis, Australian Open		
Spieler A	Spieler B	Quote für Sieg von A	Quote für Sieg von B
Tsonga	Verdasco	1,487	2,65
Nadal	Simon	1,05	9,00
Federer	Roddick	1,10	6,00
Dementieva	Suarez Navarro	1,20	4,00
Williams	Kusnetsova	1,285	3,50
Zvonareva	Safina	1,615	2,20

Interessant sind hier die Wetten Tsonga gegen Verdasco und Zvonareva gegen Safina. Bei den anderen Wetten ist die Quote jeweils eines der Teilnehmer zu tief unter 1,5, was die Mindestquote bei allen drei Anbietern darstellt. Bei Tsonga gegen Verdasco ist zwar die Quote von Tsonga hier ebenfalls unter 1,5, aber nur knapp, sodass wir mal vergleichen, wie das bei den anderen beiden Anbietern aussieht:

Anbieter:	Expekt		
Veranstaltung:	Tennis, Australian Open		
Spieler A	Spieler B	Quote für Sieg von A	Quote für Sieg von B
Tsonga	Verdasco	1,50	2,55

Für das Match Zvonareva gegen Safina wird bei Expekt jetzt noch keine Wette angeboten.

Anbieter:	Bet365		
Veranstaltung:	Tennis, Australian Open		
Spieler A	Spieler B	Quote für Sieg von A	Quote für Sieg von B
Tsonga	Verdasco	1,53	2,50
Zvonareva	Safina	1,57	2,37

Ich möchte die 100 € Einzahlungsbetrag bei Bet365 einsetzen, weil ich erst danach den dortigen Bonus verwenden kann. Und ich möchte auf Nummer sicher spielen.

Die folgenden beiden Möglichkeiten bieten sich nun an:

Variante 1:

Ich setze bei Bet365 100 € auf den Sieg von Tsonga und bei Sportingbet einen passenden Betrag auf Verdasco. Diese Wahl habe ich getroffen, weil ich bei Bet365 die beste Quote für Tsonga (1,53) und bei Sportingbet die beste Quote für Verdasco (2,65) erhalte. Nun ist die Frage: Was ist der passende Betrag für die Sportingbet-Wette auf Verdasco?
Dieser berechnet sich so:

$$\frac{\text{Tsonga-Einsatz} \cdot \text{Tsonga-Quote}}{\text{Verdasco-Quote}}$$

Also:

$$\frac{100 \cdot 1,53}{2,65} = 57,74$$

Damit ist es egal, wer das Match gewinnt. Im Fall, dass Tsonga gewinnt, erhalte ich bei Bet365 für meine Wette 100 € · 1,53 = 153 €, der Einsatz bei Sportingbet ist verloren. Im anderen Fall, d. h. Verdasco gewinnt, erhalte ich bei Sportingbet 57,74 € · 2,65 = 153,01 €. Die Cent-Abweichung entsteht durch Rundung.
Es ist also egal, was passiert, ich erhalte von einem Einsatz von insgesamt 157,74 € etwa 153 € zurück. Ich verliere also gerade mal 4,74 €, also gerade mal 3 % meines Einsatzes, und habe schon ein ganzes Stück vom Zielumsatz abgetragen.

Variante 2:

Ich setze bei Bet365 100 € auf Safina im Match Zvonareva gegen Safina und bei Sportingbet auf Zvonareva.

Die Bonusbedingungen (Mindestquote von 1,5 usw.) sind bei beiden Varianten erfüllt.

Expekt bleibt in unserer ersten Wette also außen vor, weil in einem Fall die bessere Quote bei Sportingbet, im anderen Fall die Wette bei Expekt noch gar nicht angeboten wird.

Ich stelle hier beide Varianten noch einmal übersichtlich dar:

Variante 1:

Sportereignis:	Australian. Open, Tsonga - Verdasco		
Anbieter:	Bet365	Sportingbet	
Wette:	Tsonga	Verdasco	
Quote:	1,53	2,65	
			gesamt
Einsatz:	100	57,74	157,74
Return bei Gewinn:	153	153	153,00
		Verlust:	4,74
		Verlust %:	3 %

Variante 2:

Sportereignis:	Australian. Open, Safina - Zvonareva		
Anbieter:	Bet365	Sportingbet	
Wette:	Safina	Zvonareva	
Quote:	2,37	1,615	
			gesamt
Einsatz:	100	146,75	246,75
Return bei Gewinn:	237	237	237,00
		Verlust:	9,75
		Verlust %:	3,95 %

Bei Variante 1 geht prozentual weniger verloren als bei Variante 2. Deshalb entscheide ich mich, Variante 1 zu spielen, und setze also 100 € bei Bet365 auf Tsonga und bei Sportingbet 57,74 € auf Verdasco.

Ich erweitere die anfangs geführte Tabelle. Bisher habe ich folgende Daten:

	Anbieter 1	Anbieter 2	Anbieter 3	gesamt
Anbieter-Name:	Sportingbet	Expekt	Bet365	
Einzahlung:	100	75	100	275
Bonus:	100	85	100	285
Startguthaben:	200	160	200	560
Zielumsatz:	600	480	600	1.680
Mindestquote:	1,5	1,5	1,5	
Termin:	Ende April	Ende Juli	Ende April	
Sonstiges:			Zuerst Einsatz von 100 € umsetzen, verboten: asiatisches Handicap, Ziellinie, Baseball	
Sportereignis:	Australian Open, 28.01.09, Verdasco – Tsonga			
Wette:	Verdasco		Tsonga	
Quote:	2,65		1,53	
Einsatz:	57,74		100	
Ergebnis:				
Guthaben:		160		
Rest-Zielumsatz:	542,26	480	500	1.522,26

Wenn die Wette abgerechnet ist, was wahrscheinlich morgen der Fall sein wird, kann ich die Angaben zu den einzelnen Guthaben vervollständigen und den nächsten Zug planen.

18

Wichtig:

Nehmen Sie sich genug Zeit für die Planung und Eingabe Ihrer Wetten. Verwenden Sie nur solche Wetten, bei denen Sie noch mehrere Stunden bis zum Annahmeschluss Zeit haben. Dadurch vermeiden Sie Fehler, die durch Hektik entstehen, oder Sie haben noch genügend Zeit, um auf eventuell unterlaufene Fehler zu reagieren. Es könnte zum Beispiel sein, dass eine vorkalkulierte Wette dann doch nicht in der Form angenommen werden kann, wie Sie es geplant hatten. Dann können Sie noch in Ruhe nach einer Lösung suchen, z. B. nach einer passenden Wette bei einem anderen Anbieter. Eventuell können Sie sich sogar noch rechtzeitig bei einem weiteren Anbieter registrieren und in diesem Ausnahmefall per Kreditkarte einzahlen, da das schnell geht, und dort eine passende Wette setzen.

Öffnen Sie für jeden Wettanbieter, bei dem Sie gleichzeitig Wetten platzieren wollen, ein separates Browserfenster oder Tab. Loggen Sie sich bei beiden ein, bereiten Sie die Wetten vor und schicken Sie diese unmittelbar hintereinander ab.
Dadurch ist die Wahrscheinlichkeit ziemlich gering, dass Ihr Plan durch einen Ausfall bei einem Anbieter gefährdet wird.

Notieren Sie sorgfältig alle Informationen zu den Bonusbedingungen, den einzelnen Guthaben, den Einsätzen, restlichen Zielumsätzen, Terminen usw., denn die einzelnen Wettanbieter teilen es Ihnen in der Regel nicht mit, wenn die Bonusbedingungen erfüllt sind und Sie sich Ihr Guthaben auszahlen lassen können. Wie Sie das machen können, sehen Sie an unserem Beispiel. Ein Tabellenkalkulations-Programm leistet dabei gute Hilfe. Auch zur Planung und Vorberechnung können Sie es gut einsetzen.

Nun soll es mit unserem Beispiel weitergehen. Das Tennismatch zwischen Tsonga und Verdasco hat inzwischen stattgefunden, Verdasco hat gewonnen. Damit ist die Wette bei Bet365 verloren, aber bei Sportingbet haben wir aus 57,74 € Einsatz 153,01 € erhalten. Damit können wir unsere Tabelle vervollständigen:

	Anbieter 1	Anbieter 2	Anbieter 3	gesamt
Anbieter-Name:	Sportingbet	Expekt	Bet365	
Einzahlung:	100	75	100	275
Bonus:	100	85	100	285
Startguthaben:	200	160	200	560
Zielumsatz:	600	480	600	1.680
Mindestquote:	1,5	1,5	1,5	
Termin:	Ende April	Ende Juli	Ende April	
Sonstiges:			Zuerst Einsatz von 100 € umsetzen, verboten: asiatisches Handicap, Ziellinie, Baseball	
Sportereignis:	Australian Open, 28.01.09, Verdasco – Tsonga			
Wette:	Verdasco		Tsonga	
Quote:	2,65		1,53	
Einsatz:	57,74		100	
Ergebnis:	Verdasco hat gewonnen.			
Guthaben:	295,27	160	100	555,27
Rest-Zielumsatz:	542,26	480	500	1.522,26

Im nächsten Schritt wollen wir versuchen, eines der drei Wettkonten leerzuspielen. Wenn das gelingt, entfällt der dortige restliche Zielumsatz, womit wir der Möglichkeit, uns das Geld auszahlen zu lassen, wieder etwas näher kommen.

Suchen wir dazu wieder nach geeigneten Wetten. Es ist der 28.01.2009 etwa 22:30 Uhr. Versuchen wir es zunächst wieder mit den Tennis-Wetten der Australian Open. Die Spiele finden erst in einigen Stunden statt, also bleibt noch genügend Zeit, das in Ruhe zu kalkulieren.

Da ich gestern den Eindruck gewonnen habe, dass Expekt seine Wetten sehr kurzfristig anbietet, wird dort wahrscheinlich die kleinste Auswahl zu finden sein. Deshalb beginne ich mit der Betrachtung der dort angebotenen Wetten.

Interessant sind aufgrund geeigneter Quoten die beiden folgenden:

Anbieter:	Expekt		
Veranstaltung:	Tennis, Australian Open		
Spieler A	Spieler B	Quote für Sieg von A	Quote für Sieg von B
S. Williams	E. Dementieva	2,20	1,65
V. Zvonareva	D. Safina	1,48	2,60

Nun suche ich gezielt nach diesen beiden Matches bei Sportingbet bzw. Bet365 und finde:

Anbieter:	Sportingbet		
Veranstaltung:	Tennis, Australian Open		
Spieler A	Spieler B	Quote für Sieg von A	Quote für Sieg von B
S. Williams	E. Dementieva	2,15	1,70
V. Zvonareva	D. Safina	1,571	2,25

und

Anbieter:	Bet365		
Veranstaltung:	Tennis, Australian Open		
Spieler A	Spieler B	Quote für Sieg von A	Quote für Sieg von B
S. Williams	E. Dementieva	2,10	1,72
V. Zvonareva	D. Safina	1,53	2,50

Betrachten wir die erste Begegnung: Williams gegen Dementieva:

Die beste Quote für Williams bietet Expekt mit 2,20, die beste Quote für Dementieva erhalten wir bei Bet365 mit 1,72. Die Quote von Sportingbet für Dementieva von 1,70 ist auch ganz in Ordnung. Daraus kann man nun folgendes konstruieren:

Bei Bet365 setzen wir die dort noch verbleibenden 100 € auf Dementieva. Bei einer Quote von 1,72 würden wir, falls Dementieva gewinnt, dafür 172 € erhalten. Bei Expekt setzen wir eine Wette auf Williams dagegen. Um das gleiche Ergebnis im Fall, dass Williams gewinnt, zu erzielen, müssen wir dort 172 € : 2,20 = 78,18 € setzen.

Würde Williams gewinnen, wäre das Bet365-Konto bereits leergespielt und der restliche Zielumsatz dieses Kontos von 400 € würde entfallen. Da wir immer auf Nummer sicher spielen und bei jedem Spiel eine kleine Einbuße in Kauf nehmen, hieße das, dass weniger gespielt werden müsste, was also weniger Einbußen zu bedeuten hätte. Würde jedoch Dementieva gewinnen, hätten wir nur etwas Geld abzüglich einer kleinen Einbuße vom Expekt-Konto auf das Bet365-Konto umgeschichtet, aber keinen weiteren Zielumsatz aufgehoben.

Abhilfe können wir dadurch schaffen, dass wir den restlichen Betrag des Expekt-Kontos ebenfalls auf Williams setzen und mit dem dritten, also dem Sportingbet-Konto eine Ausgleich-Wette auf Dementieva abschließen. Rechnen wir das mal aus: Wir setzen also zusätzlich die restlichen 160 € − 78,18 € = 81,82 € bei Expekt auf Williams. Da wir im Fall, dass Williams gewinnt, für diesen Einsatz 81,82 € • 2,20 = 180 € erhalten würden, müssen wir bei einer Quote von 1,70 bei Sportingbet 180 € : 1,70 = 105,88 € dagegen setzen, also auf Dementieva wetten. Das wäre möglich, denn es befindet sich dort ein entsprechendes Guthaben.

Natürlich setzen wir nicht zwei gleiche Wetten bei Expekt mit unterschiedlichen Beträgen, sondern eine Wette mit dem Gesamtbetrag von 160€. Ich stelle das hier noch einmal übersichtlich dar.

Sportereignis:	Australian Open, S. Williams – E. Dementieva			

Anbieter:	Bet365	Expekt	Sportingbet	
Wette:	Dementieva	Williams	Dementieva	
Quote:	1,72	2,20	1,70	

				gesamt
Einsatz:	100	160	105,88	365,88
Return bei Gewinn:	172	352	180	352

		Verlust:	13,88
		Verlust %:	3,79 %

Das ist ein ganz respektables Ergebnis. Überhaupt ist ein Ergebnis von unter 5 % Verlust bei einer derartigen Wette super. Viele Anbieter bieten schlechtere Quoten an. Im Fall, dass Dementieva gewinnt, wäre danach das Expekt-Konto leer, womit sich der gesamte restliche Zielumsatz dieses Kontos in Luft aufgelöst hätte, im Fall, dass Williams gewinnt, würde das für das Bet365-Konto zutreffen.

Ich rechne nun das Ganze noch für das andere Match Zvonareva gegen Safina durch.

Hier noch einmal die angebotenen Quoten bzw. die Maximaleinsätze bei den einzelnen Anbietern:

Anbieter	Maximaleinsatz	V. Zvonareva	D. Safina
Expekt	160	1,48	2,60
Sportingbet	295,27	1,571	2,25
Bet365	100	1,53	2,50

Nehmen wir an, wir setzen das gesamte Guthaben von Expekt auf den Sieg von Safina, weil dort die beste Quote dafür angeboten wird. Also 160 € zu einer Quote von 2,60. Damit würden im Gewinnfall 416 € herauskommen. Bei Sportingbet müssten wir bei einer Quote von 1,571 auf Zvonareva 264,80 € dagegen setzen. Dann bleiben 295,27 € − 264,80 € = 30,47 € auf dem Sportingbet-Konto. Wenn wir diese ebenfalls auf Zvonareva setzen, würden wir für diesen Betrag im Falle des Gewinns 30,47 € • 1,571 = 47,87 € erhalten. Der Betrag, den wir bei Bet365 bei einer Quote von 2,50 auf Safina dagegen setzen müssten, wäre also 47,87 € : 2,50 = 19,15 €.

Besser können wir es bei diesen angebotenen Quoten kaum machen, denn wir haben die höchsten Quoten so gut wie möglich, also jeweils mit dem Maximalbetrag, ausgenutzt und die etwas schlechtere Quote (2,50 bei Bet365) nur für eine vom Betrag her kleine Wette verwendet.

Hier nun die entsprechende Gesamtübersicht:

Sportereignis:	Australian Open, V. Zvonareva – D. Safina		
Anbieter:	Bet365	Expekt	Sportingbet
Wette:	Safina	Safina	Zvonareva
Quote:	2,50	2,60	1,571

				gesamt
Einsatz:	19,15	160	295,27	474,42
Return bei Gewinn:	47,87	416	463,87	463,87

	Verlust:	10,55
	Verlust %:	2,22 %

Das Ergebnis spricht für sich. Nur 2,22 % Verlust kann man wohl kaum noch unterbieten. Außerdem wird ein größerer Umsatz als bei dem anderen Match erzielt und entweder der restliche Zielumsatz des Expekt- oder des Sportingbet-Kontos aufgehoben. Deshalb setzen wir genau diese Wetten.

Inzwischen ist das Spiel Zvonareva gegen Safina gelaufen. Safina hat gewonnen. Damit ist das Sportingbet-Konto geleert. Der restliche Zielumsatz dieses Kontos entfällt damit.
So sieht die Übersichtstabelle nun aus:

	Anbieter 1	Anbieter 2	Anbieter 3	gesamt
Anbieter-Name:	Sportingbet	Expekt	Bet365	
Einzahlung:	100	75	100	275
Bonus:	100	85	100	285
Startguthaben:	200	160	200	560
Zielumsatz:	600	480	600	1.680
Mindestquote:	1,5	1,5	1,5	
Termin:	Ende April	Ende Juli	Ende April	
Sonstiges:			verboten: asiatisches Handicap, Ziellinie, Baseball	
Sportereignis:	Australian Open, 28.01.09, Verdasco – Tsonga			
Wette:	Verdasco		Tsonga	
Quote:	2,65		1,53	
Einsatz:	57,74		100	
Ergebnis:	Verdasco hat gewonnen.			
Guthaben:	295,27	160	100	555,27
Rest-Zielumsatz:	542,26	480	500	1.522,26
Sportereignis:	Australian Open, 29.01.09, Zvonareva – Safina			
Wette:	Zvonareva	Safina	Safina	
Quote:	1,571	2,60	2,50	
Einsatz:	295,27	160	19,15	
Ergebnis:	Safina hat gewonnen.			
Guthaben:	0	416	128,72	544,72
Rest-Zielumsatz:	0	320	480,85	800,85

Nun eröffnen wir ein weiteres Wettkonto (oder auch mehrere). Für unser Beispiel wähle ich einfach das nächste auf der Liste von Wettbasis, also Mybet. Hier bekommt man für eine Einzahlung von 80 € einen Bonus von 80 €. Die Bonusbedingungen sind: Man hat 180 Tage Zeit, den Einzahlungsbetrag einmal und den Bonusbetrag fünfmal in Sportwetten mit einer Mindestquote von 1,5 umzusetzen. Außerdem gibt es eine 1-€-Gratiswette. Die Gratiswette lasse ich bei meiner Kalkulation mal außer Acht. Die kann man ja spaßeshalber auf irgendetwas mit einer sehr hohen Quote setzen. Die Gewinnwahrscheinlichkeit ist dann zwar gering, aber das ist nicht so schlimm. Da Mybet keine sichere Verbindung über SSL anbietet, würde ich hier empfehlen, die Einzahlung nur per Überweisung vorzunehmen, also auf keinen Fall Kreditkartendaten über das Netz zu schicken. Das dauert dann ein paar Tage, bis Einzahlungs- und Bonusbetrag bereitstehen, aber wie schon vorher erwähnt, wir stehen nicht unter Zeitdruck und geeignete Wetten findet man immer wieder.

Beginnen wir nun eine neue Übersicht mit Mybet. Die Bonusbedingungen für Sportingbet brauchen wir uns darin auch nicht mehr zu merken. Die entscheidenden Zahlen (Einsatz usw.) leergespielter Konten fassen wir demnächst zusammen.

Die vergangenen Wetten lassen wir auch weg. Wir notieren nur die aktuellen Kontostände, den Gesamteinsatz, sowie die Bedingungen der noch aktuellen Wettkonten.

	Leer	Anbieter 1	Anbieter 2	Anbieter 3	gesamt
Anbieter-Name:		Expekt	Bet365	Mybet	
Einzahlung:	100	75	100	80	355
Bonus:	100	85	100	80	365
Startguthaben:	200	160	200	160	720
Zielumsatz:	600	480	600	480	2.160
Mindestquote:		1,5	1,5	1,5	
Termin:		Ende Juli	Ende April	Ende April	
Sonstiges:			verboten: asiatisches Handicap, Ziellinie, Baseball		
Guthaben:		416	128,72	160	704,72
Rest-Zielumsatz:		320	480,85	480	1.280,85

Ich werde erst in ein paar Tagen wieder nach geeigneten Wetten Ausschau halten, denn meine Betrachtung soll realistisch sein, und ich gehe davon aus, dass die Einzahlung auf das Mybet-Konto ein-zwei Tage dauern kann.
Außerdem kann es ja auch vorkommen, dass man gar nicht jeden Tag Zeit hat, in Ruhe eine entsprechende Wette zu kalkulieren, oder einfach keine geeigneten vorhanden sind.

26

Inzwischen sind ein paar Tage vergangen. Wir nehmen an, dass das überwiesene Geld sowie der Bonus inzwischen auf dem Mybet-Konto gutgeschrieben wurden. Also machen wir uns nun auf die Suche nach einer geeigneten Wette für den nächsten Zug.

Es ist der 04.02.2009 etwa 22:30 Uhr. Unter den Tennis-Matches habe ich keine passenden gefunden, die bei allen drei Anbietern angeboten werden und die für meine Strategie geeignet sind.
Habe mich dann mal bei den Fußballwetten umgesehen und halte die Begegnung Arminia Bielefeld gegen Hertha BSC, welche am 06.02. stattfindet, für geeignet.

Ich stelle die Quoten meiner Anbieter neben dem Maximaleinsatz in der folgenden Tabelle dar. Obwohl das Guthaben bei Expekt 416 € beträgt, ist der Maximaleinsatz dort 320 €, denn dieser Betrag entspricht dem restlichen Zielumsatz.

Anbieter	Maximaleinsatz	Bielefeld	Unentsch.	Hertha
Expekt	320	2,60	3,25	2,60
Mybet	160	2,85	3,20	2,50
Bet365	128,72	2,62	3,25	2,65

Es fällt sofort auf, dass Mybet eine viel bessere Quote als die anderen für die Wette auf den Sieg von Bielefeld anbietet, nämlich 2,85. Bei Bet365 sollte man auf Hertha setzen, denn dort wird für diese Wette die beste Quote angeboten, bei Expekt bliebe dann die Wette auf unentschieden, was ziemlich gut passt, denn Expekt bietet gleichauf mit Bet365 für diese Wette die beste Quote an.

Beginnen wir also mit unserer Kalkulation. Wir wollen die Wetten wieder möglichst so bemessen, dass mindestens ein Wettkonto leergespielt wird, um damit viel Zielumsatz loszuwerden.
Nehmen wir an, wir setzen die gesamten 160 € bei Mybet auf Bielefeld. Dann bekämen wir bei einer Quote von 2,85 im Gewinnfall 160 € · 2,85 = 456 €. Wenn wir bei Bet365 mit einer Wette auf Hertha für eine Quote von 2,65 dagegen setzen wollen, müssen wir dort also 456 € : 2,65 = 172,08 € setzen. Wir haben dort allerdings nur 128,72 € zur Verfügung. Die Rechnung geht also so nicht auf. Deshalb probieren wir es von der anderen Seite.

Wenn wir also die gesamten 128,72 € bei Bet365 auf Hertha setzen, so werden daraus im Gewinnfall 128,72 € • 2,65 = 341,11 €. Bei Mybet müssten wir, um dort im Gewinnfall den gleichen Betrag zu erhalten, 341,11 € : 2,85 = 119,69 € auf Bielefeld setzen. Für den Fall, dass das Spiel unentschieden ausgeht, setzen wir bei Expekt den passenden Betrag auf unentschieden. Das wären also bei einer Quote von 3,25 genau 341,11 € : 3,25 = 104,96 €. Nun wäre es aber ganz schön, den Restbetrag des Mybet-Kontos ebenfalls auf den Sieg von Bielefeld zu setzen. Da das gesamte Guthaben des Bet365-Kontos bereits gesetzt ist, können wir den Ausgleich nur durch passende Wetten bei Expekt schaffen. Also setzen wir die restlichen 160 € − 119,69 € = 40,31 € bei Mybet ebenfalls auf Biele-feld. Im Gewinnfall würden wir für diesen Betrag 40,31 € • 2,85 = 114,89 € zurückerhalten. Also müssten bei Expekt auf unentschie-den bei einer Quote von 3,25 weitere 114,89 € : 3,25 = 35,35 € ge-setzt werden. Nun fehlt noch eine Ausgleichwette auf Hertha. Diese ist nun nur noch bei Expekt möglich. Dort gibt es dafür eine Quote von 2,60, also müssen bei Expekt 114,89 € : 2,60 = 44,19 € gesetzt werden. Rechnen wir alle drei bei Expekt eingesetzten Beträge zu-sammen, kommen wir auf 104,96 € + 35,35 € + 44,19 € = 184,50 €. Das liegt unter dem dortigen Maximaleinsatz. Also würde diese Rechnung aufgehen.

Ich stelle nun alles noch übersichtlich in einer Tabelle dar und fasse dabei die Beträge gleicher Wetten zusammen. Anschließend ermittle ich den Verlust-Prozentsatz:

Ereignis:	Fußball Bundesliga, 06.02.09, Hertha BSC – Arminia Bielefeld			
Anbieter:	Bet365	Mybet	Expekt	Expekt
Wette:	Hertha	Bielefeld	X	Hertha
Quote:	2,65	2,85	3,25	2,60
					gesamt
Einsatz:	128,72	160	140,31	44,19	473,22
Return:	341,11	456	456	114,89	456,00
				Verlust:	17,22
				Verlust %:	3,64 %

Das ist doch ein sehr gutes Ergebnis, hinzu kommt noch, dass –
egal wie das Spiel ausgeht – danach auf jeden Fall eines der Konten
bei Bet365 oder Mybet leer ist. Sollte das Spiel unentschieden ausgehen, sind danach sogar beide Konten leer, und ein großer Zielumsatzbetrag fällt weg.

Ich ergänze nun unsere Gesamtübersicht um diese Wetten und wir
warten gespannt auf den kommenden Freitag, den 06.02., um zu
sehen, wie es ausgeht.

	Leer	Anbieter 1	Anbieter 2	Anbieter 3	gesamt
Anbieter-Name:		Expekt	Bet365	Mybet	
Einzahlung:	100	75	100	80	355
Bonus:	100	85	100	80	365
Startguthaben:	200	160	200	160	720
Zielumsatz:	600	480	600	480	2.160
Mindestquote:		1,5	1,5	1,5	
Termin:		Ende Juli	Ende April	Ende April	
Sonstiges:			verboten: asiatisches Handycap, Ziellinie, Baseball		
Guthaben:		416	128,72	160	704,72
Rest-Zielumsatz:		320	480,85	480	1.280,85
Sportereignis:	Fußball Bundesliga, 06.02.2009, Hertha - Bielefeld				
Wette:		X	Hertha	Bielefeld	
Quote:		3,25	2,65	2,85	
Einsatz:		140,31	128,72	169	
Weitere Wette:		Hertha			
Quote:		2,60			
Einsatz:		44,19			
Ergebnis:					
Guthaben:					
Rest-Zielumsatz:		135,50			

Zugegeben, ich habe ein wenig gesucht und für ein paar Spiele die
ganze Sache durchgerechnet, ehe ich diese Variante gefunden habe.

Wichtig:

Man wird es nicht schaffen, aus allen angebotenen Wetten die optimale Kombination herauszufinden. Dafür würde man Stunden benötigen. Während dieser Zeit ändern sich die Quoten. Außerdem stünden Aufwand und Nutzen dann in keinem vernünftigen Verhältnis mehr. Man sollte sich also mit einem guten Ergebnis zufrieden geben und nicht wegen Bruchteilen von Prozenten stundenlang weitersuchen.
Neben einem möglichst geringen Verlust spielt das Aufheben von Zielumsätzen, indem man Konten leert, eine Rolle. Denn dadurch werden weitere Verluste vermieden.

Es sind nur solche Wetten geeignet, die bei allen gerade verwendeten Anbietern gleich funktionieren. Das ist bei Tennis und Fußball meistens der Fall. Auch American Football ist recht gut geeignet.
Eishockey ist nicht immer geeignet, denn es gibt Anbieter, die Eishockey-Wetten als Drei-Wege-Wetten anbieten, also Sieg von Mannschaft eins, Sieg von Mannschaft zwei oder unentschieden. Dabei zählt ein Sieg nach Verlängerung oder Penalty-Schießen nur als unentschieden. Andere Anbieter bieten Eishockey-Wetten als Zwei-Wege-Wetten an, also Mannschaft eins oder Mannschaft zwei gewinnt, egal ob nach Verlängerung. Auf solche Unterschiede muss man achten.
Auf jeden Fall sollte man nur solche Wetten verwenden, die man verstanden hat.

Inzwischen hat das Spiel Arminia Bielefeld gegen Hertha BSC stattgefunden. Es endete unentschieden 1:1. Damit haben wir also die Unentschieden-Wette bei Expekt gewonnen und alle anderen Wetten verloren, was bedeutet, dass die Wettkonten bei Bet365 und Mybet leergeräumt sind und damit die restlichen Zielumsätze dieser Konten entfallen. Die Übersichtstabelle sieht also wie folgt aus:

	Leer	Anbieter 1	Anbieter 2	Anbieter 3	gesamt
Anbieter-Name:		Expekt	Bet365	Mybet	
Einzahlung:	100	75	100	80	355
Bonus:	100	85	100	80	365
Startguthaben:	200	160	200	160	720
Zielumsatz:	600	480	600	480	2.160
Mindestquote:		1,5	1,5	1,5	
Termin:		Ende Juli	Ende April	Ende April	
Sonstiges:			verboten: asiatisches Handycap, Ziellinie, Baseball		
Guthaben:		416	128,72	160	704,72
Rest-Zielumsatz:		320	480,85	480	1.280,85
Sportereignis:	Fußball Bundesliga, 06.02.2009, Hertha - Bielefeld				
Wette:		X	Hertha	Bielefeld	
Quote:		3,25	2,65	2,85	
Einsatz:		140,31	128,72	169	
Weitere Wette:		Hertha			
Quote:		2,60			
Einsatz:		44,19			
Ergebnis:	Unentschieden.				
Guthaben:		687,50	0	0	687,50
Rest-Zielumsatz:		135,50	0	0	135,50

Besser hätte es gar nicht laufen können. Aber auch wenn eine der Mannschaften gewonnen hätte, hätten wir nun das gleiche Guthaben von 687,50 €. Allerdings wäre der Rest-Zielumsatz noch etwas höher.

Da die Wettkonten bei Bet365 und Mybet nun leergespielt sind, können wir deren Bonusbedingungen vergessen, und die entscheidenden Zahlen zu denen der Spalte „leer" addieren. Die Übersicht würde danach so aussehen:

	Leer	Anbieter 1	Anbieter 2	Anbieter 3	gesamt
Anbieter-Name:		Expekt			
Einzahlung:	280	75			355
Bonus:	280	85			365
Startguthaben:	560	160			720
Zielumsatz:	1.680	480			2.160
Mindestquote:		1,5			
Termin:		Ende Juli			
Sonstiges:					
Guthaben:		687,50			687,50
Rest-Zielumsatz:		135,50			135,50

In der jetzigen Situation haben wir sogar schon einen Gewinn sicher. Denn selbst mit dem denkbar schlechtesten Zug, d. h. wir würden bei Expekt einen Betrag in Höhe des restlichen Zielumsatzes von 135,50 € auf irgendeine Wette setzen und verlieren, hätten wir noch ein Guthaben von 687,50 € − 135,50 € = 552 €. Und dieses Guthaben könnte man auszahlen lassen, da die Bonusbedingungen von Expekt erfüllt wären. Bei einem Gesamteinsatz von 355 € wäre das ein Gewinn von 197 € und damit auf den Einsatz bezogen eine Rendite von etwa 55 % in sehr kurzer Zeit

Wenn man allerdings noch Bonusangebote bzw. etwas Kapital dafür übrig hat, sollte man besser diese nutzen. Ansonsten besteht noch die Möglichkeit, in unserem Fall eine Wette bei Expekt zu 135,50 € zu setzen und bei einem anderen Anbieter, bei dem wir keinen Bonus mehr erhalten, z. B. in unserem Fall bei Sportingbet, Bet365 oder Mybet einen passenden Gegenbetrag einzuzahlen und die Wette abzusichern. Egal wie es ausgehen würde, danach könnte man alles Guthaben auszahlen lassen.

Ich will in meinem Beispiel keine weiteren Anbieter hinzuziehen, denn es ist für das Verständnis der Strategie ausführlich genug.

Wichtig:

Man sollte nur dann bei einem Anbieter ein Konto eröffnen, wenn einem die Bedingungen klar sind und seriös erscheinen. Die Bonusbedingungen sollten klar ersichtlich sein.

Man sollte sich niemals unter Zeitdruck setzen bzw. setzen lassen. Wenn das Bonusangebot abzulaufen droht, keine Panik, es folgt immer ein neues. Das kann dann zwar vom vorherigen abweichen, aber manchmal ist es sogar besser als das vorherige.

Eine Richtlinie, ob ein Bonusangebot geeignet ist, kann man so ausdrücken: Ein Bonusangebot ist lukrativ, wenn der Bonusbetrag viel höher ausfällt als 10 % des Zielumsatzes.

Beispiel: Wir haben einen Bonus von 100 % auf einen Einzahlungsbetrag von 100 €. Einzahlung und Bonus müssen je dreimal umgesetzt werden. Wir haben also einen Zielumsatz von 600 €. 10 % davon sind 60 €. Der Bonusbetrag von 100 € ist viel höher. Also ist das Angebot lukrativ.

Natürlich spielen die angebotenen Wettquoten eine Rolle. Wie kann man nun erkennen, wie gut die Quoten sind? Sie können das mit folgender Formel überprüfen: Berechnen Sie für Zwei-Wege-Wetten folgendes:

$$\frac{1}{\frac{1}{Quote1} + \frac{1}{Quote2}}$$

Für Drei-Wege-Wetten sieht die Formel wie folgt aus:

$$\frac{1}{\frac{1}{Quote1} + \frac{1}{Quote2} + \frac{1}{Quote3}}$$

Das Ergebnis gibt an, welcher Anteil von den gesamten Einsätzen für diese Begegnung als Gewinn ausgeschüttet wird. Bei einigen

Anbietern kann das durchaus bis zu 0,95 bei Zwei-Wege-Wetten, bzw. um die 0,9 bei Drei-Wege-Wetten sein. Wenn Sie feststellen, dass ein Anbieter etwas schlechtere Quoten hat, dann müssen Sie bei der Bewertung, ob ein Bonusangebot dieses Anbieters lukrativ ist, die o. g. Bedingung modifizieren. Nehmen wir an, Sie stellen fest, dass die Formel für Drei-Wege-Wetten meistens nur um die 0,89 ergibt. Das heißt, etwa 89 % der Einsätze werden wieder ausgeschüttet, also etwa 11 % behält der Anbieter. Dann setzen Sie die 11 % anstelle der 10 % in die vorher formulierte Bedingung ein. Also müsste der Bonusbetrag wesentlich größer sein als 11 % des Zielumsatzes.

Nehmen wir zum Beispiel mal das aktuelle Bonusangebot von Interwetten her: Es gibt 50 % der Einzahlung als Bonus dazu, maximal 111 €. Also gibt es für eine Einzahlung von 222 € einen Bonus von 111 € dazu. Für Anmeldung über einen Wettbasis-Link gibt es zusätzliche 10 € Bonus, allerdings erst nach der ersten Wette. Einzahlung und Bonus müssen je dreimal mit Mindestquote von 2,0 umgesetzt werden. Dazu hat man 30 Tage Zeit. Wichtig: Es darf nicht gleichzeitig auf mehrere Ausgänge des gleichen Ereignisses gewettet werden.

Beim Betrachten der Quoten für typische Drei-Wege-Wetten stellt man mittels der obigen Formel fest, dass hier nur etwa 0,88 bis 0,89 herauskommen. Der Zielumsatz bei voller Inanspruchnahme des Bonus wäre (222 € + 111 € + 10 €) • 3 = 343 € • 3 = 1.029 €. Nun sind 11 bis 12 % davon 113,19 € bis 123,48 €. Der gesamte Bonusbetrag von 121 € liegt nicht signifikant darüber, auch die Zeit für die Umsetzung von 30 Tagen ist für eine derartige Zielumsatzsumme ziemlich knapp. Deshalb ist dieses Angebot, auch wenn ein Bonusbetrag von 121 € sehr hoch zu sein scheint, nicht so attraktiv für diesen ersten Schritt unserer Strategie.

Im nächsten Schritt, wenn wir nur noch bereits gewonnenes Geld einsetzen, ist es durchaus denkbar, einen solchen Bonus in Anspruch zu nehmen. Im ersten Schritt würde ich jedoch davon abraten, denn es kann leicht passieren, dass man dort auf einem hohen restlichen Zielumsatzbetrag und einem im Verhältnis dazu zu kleinen Guthaben hängen bleibt. Auch sollte man bedenken, dass man bei schlechteren Quoten bei jeder Wette mit der oben beschriebenen Absicherung mehr Verlust hat.

Was man allerdings im Beispiel von Interwetten auch tun könnte, wäre, nur einen Teil des Bonus auszuschöpfen. Mit den zusätzlichen 10 € Bonus von Wettbasis kommt man auf ein besseres Verhältnis. Das könnte so funktionieren: Nur 20 € einzahlen, dann erhält man einen Bonus von 10 € von Interwetten. Mit dem zusätzlichen Bonus von 10 € hätte man so 20 € Bonus. Der Zielumsatz ist 40 € • 3 = 120 €. Damit liegen die 20 € Bonus signifikant über 12 % des Zielumsatzes, was 120 € • 0,12 = 14,40 € sind. Damit wäre die Sache dann doch wieder geeignet.

Auf jeden Fall ist es wichtig, lieber einmal mehr nachzurechnen als einen Fehler zu machen, der teuer werden könnte.

Einige Anbieter verlangen vor der Auszahlung (interessanterweise erst dann), dass man ihnen einen Scan vom Personalausweis oder Pass als Nachweis seiner Identität bzw. Volljährigkeit sendet. Manche verlangen auch noch den Scan eines offiziellen Dokumentes, welches man mit der Post erhalten hat, z. B. Telefonrechnung o. ä. Das dient als zusätzlicher Nachweis, dass man eine gültige Postanschrift angegeben hat. Alle anderen Daten, z. B. Beträge usw. kann und sollte man schwärzen.
Es ist sogar möglich, dass ein Scan oder Foto von der zur Einzahlung verwendeten Kreditkarte verlangt wird, allerdings dann auf jeden Fall so, dass nur die ersten Ziffern der Kartennummer zu sehen sind, Ablaufdatum und Sicherheitscode sollten auf jeden Fall unkenntlich gemacht werden. Schon das ist ein Grund, die Kreditkarte nur im Ausnahmefall zu benutzen.
Aber nicht alle Anbieter sind so streng. Manche verlangen auch überhaupt keinen Nachweis. Am besten, man ist darauf vorbereitet, schaut vorher in den Allgemeinen Geschäftsbedingungen nach. Dann hat man entsprechende Dateien vorbereitet und kann sie auf Verlangen zustellen. Sollte man sie irgendwo hochladen, dann unbedingt auf eine sichere Verbindung (https) achten. Ansonsten verschicken Sie das am besten als E-Mail-Anhang. Das JPG-Format ist dafür sehr gut geeignet. Die Qualität entsprechender Scans oder Fotos sollte nur so gut sein wie nötig, um es gerade zu erkennen.

Eine wichtige abschließende Bemerkung will ich in diesem Kapitel noch anführen. Die Methode, wie sie hier beschrieben wurde, auf verschiedenen Wettkonten auf entgegengesetzte Ausgänge einer

Begegnung zu wetten, um bis auf eine kalkulierbare Einbuße einen bestimmten Betrag zu behalten, ist nicht immer hundertprozentig wasserdicht. Es kann nämlich sein, dass das Spiel vorzeitig beendet wird, weil zum Beispiel einer der beiden Kontrahenten aufgibt. Möglicherweise haben nun die beiden Wettanbieter in diesem Fall abweichende Regeln. Nehmen wir an, ein Tennismatch (Spieler A gegen Spieler B) wird noch vor Beendigung des ersten Satzes von Spieler B aufgegeben. Manche Wettanbieter haben die Regel, dass in diesem Fall der Wetteinsatz zurückgegeben wird, bei manchen zählt das trotzdem als Sieg für Spieler A. Wenn man nun gerade auf dieses Match beim einen Anbieter auf den Sieg von A und beim anderen auf den Sieg von B gesetzt hat, kann es passieren, dass man auf der einen Seite seinen Einsatz verliert und auf der anderen Seite nur den Einsatz wiederbekommt. Allerdings kann auch der umgekehrte Fall eintreten, dass man auf der einen Seite seinen Einsatz wiederbekommt und auf der anderen Seite seine Wette gewinnt, womit man unterm Strich einen schönen Gewinn hätte.

Nun kann man entweder mit dieser Unsicherheit leben, weil die Wahrscheinlichkeit eines Verlustes aus diesem Grund sehr klein ist, oder man darf nur Sportarten nutzen, für welche die Regeln im Falle von Spielaufgabe bei den verwendeten Wettanbietern absolut gleich gestaltet sind. Auch hier kann man im Zweifelsfalle per E-Mail fragen.

Schritt 2: Abwarten

Sofern wir die im vorigen Kapitel beschriebene Strategie anwenden konnten, haben wir uns ein Grundkapital aus gewonnenem Geld geschaffen, d. h. wir riskieren ab jetzt nur noch gewonnenes Geld, und auch das nur zum Teil.

Bringen wir also unsere Schäflein zunächst ins Trockene. Wir leeren also unsere Wettkonten und parken das gewonnene Geld am besten auf einem Tagesgeldkonto. Und nun tun wir etwas ganz Einfaches – nämlich abwarten.

Auch wenn Sie die im ersten Schritt dargestellte Strategie nicht wie beschrieben umsetzen konnten, weil Sie schon bei allen für Sie in Frage kommenden Anbietern Wettkonten haben und deshalb keinen Neukundenbonus mehr bekommen, leeren Sie, was zu leeren geht, und warten Sie ab.
Es sei denn, Sie haben bereits Ihre gewinnbringende Strategie gefunden. Dann lassen Sie sich nicht davon abbringen und verschenken Sie dieses Buch!

Es ist empfehlenswert, nun eine Übersicht über die einzelnen Wettanbieter, bei denen man jeweils ein Wettkonto hat, zu erstellen. Man sollte dabei zu jedem Anbieter aufschreiben, welche Erfahrungen man gemacht hat, wie die Quoten sind, was besonders gut daran ist, z.B. schnelle Gutschrift nach Online-Überweisung oder schnelle Auszahlung, besonders gute Quoten in Sportart XY, eher schlechte Quoten usw. Dann können Sie spätere Bonusangebote der einzelnen Anbieter besser beurteilen.

Auf jeden Fall wetten wir in den nächsten Monaten zunächst nicht. Wir zahlen auch nichts auf unsere Wettkonten ein.

Selbstverständlich können und sollten wir die Zeit für „Trockenübungen" nutzen. D. h. wir bereiten uns auf den im nächsten Kapitel beschriebenen Schritt vor. Allerdings setzen wir dabei kein echtes Geld ein, sondern schreiben nur auf, was wir tun würden. Dabei simulieren wir echte Bedingungen, d. h. wir benutzen die Quoten eines Wettanbieters. Wir schreiben die Wetten, die wir abgeben würden, genau auf und führen Buch über deren Ausgang, Guthaben usw.

Nach einiger Zeit werden Sie von einigen Anbietern wieder Bonusangebote erhalten, denn ein leeres inaktives Konto bringt für den Wettanbieter nichts ein.

Zum Beispiel hat mir Expekt nach etwa drei Monaten Inaktivität einen 50-€-Bonus auf eine Einzahlung von 100 € angeboten. Die Bonusbedingungen waren auch nicht schlecht: Zielumsatz: 250 €, Mindestquote: 1,5, Zeit: 6 Monate.
Von Bet365 erhielt ich nach etwa 6 Monaten auf eine Einzahlung von 100 € wieder 100 € Bonus. Der Zielumsatz war mit 1.200 € allerdings sehr hoch. Die Mindestquote war 1,5 und Zeit hatte man 90 Tage.
Da Bet365 allerdings sehr gute Quoten anbietet und da die Zeit zum Erzielen des Zielumsatzes relativ lang ist, kann man einen derartigen Bonus ruhig in Anspruch nehmen. Entweder hat man inzwischen ein weiteres Guthaben inklusive Bonus auf einem anderen Konto und kann sofort mit dem Freispielen des Bonus beginnen, oder man wartet auf den nächsten Bonus bei einem anderen Wettanbieter. Innerhalb von drei Monaten wird man wahrscheinlich ein entsprechendes Angebot erhalten. Und so war es auch in meinem Fall. Sportingbet ließ nicht lange auf sich warten und bot für eine Einzahlung von 100 € einen Bonus von 50 € an, wobei der Zielumsatz 450 € betrug, zu erbringen innerhalb von drei Monaten bei einer Mindestquote von 1,5. Außerdem bietet Bwin ab und zu 5 € Bonus auf eine Einzahlung von 10 €. Zielumsatz ist 35 €, umzusetzen innerhalb von zwei Monaten, eine Mindestquote gibt es nicht.

Wichtig ist es, nur die guten Angebote anzunehmen, auf keinen Fall etwas in der Art: Setzen Sie 50 € auf eine Viererkombination, und wenn Sie verlieren, bekommen Sie einen Bonus von 50 €. Für diesen gelten dann auch wieder Umsatzbedingungen usw.

Ab und zu erhält man auch mal ein kleines Gratisguthaben, z.B. gab es bei Interwetten einmal 5 €. Die Bedingung hierbei war, es einmal innerhalb von sieben Tagen zu einer Quote von mindestens 2 umzusetzen. Dabei kann man gar nichts falsch machen, denn es kostet ja nichts. In dem Fall ist es am besten, es einmal umzusetzen. Da ich ein vorsichtiger Mensch bin, habe ich es mit einer Quote von 2,1 auf den Sieg der Heimmannschaft in einem Fußballspiel gesetzt. Ich hatte Glück und habe gewonnen. Allerdings ist der Mindestbetrag für eine Auszahlung 30 €. Es funktioniert nicht, das Konto mit einer Einzahlung auf 30 € aufzufüllen und dann alles auszahlen zu lassen, denn eine Bedingung ist, dass jeder Einzahlungsbetrag mindestens einmal umgesetzt werden muss, bevor er ausgezahlt werden kann. Allerdings gibt es dann weder Mindestquote noch Termin. Also kann man einfach warten, bis man auf einem anderen Konto einen Gratis-betrag oder einen Bonus bekommt, um dann mittels der im vorigen Kapitel beschriebenen Vorgehensweise die Guthaben auf einem Konto zusammenzuführen. Oder man wettet einfach noch einmal, da das Guthaben gratis war, ist das in Ordnung.

Manche Anbieter schenken einem auch zum Geburtstag eine Gratiswette. Auch damit kann man nichts falsch machen.

Wie das Freispielen von Guthaben mit mehreren Wettkonten durch gegenseitiges Absichern funktioniert, habe ich im Kapitel zum Schritt 1 bereits erklärt. Damit kann man nun zunächst weitermachen. Man sichert sich einen angebotenen Bonus durch Einzahlung und wartet einfach auf das nächste Bonusangebot. Sollte das nicht rechtzeitig kommen, verfällt nur der Bonusbetrag, das eingezahlte Geld bleibt. Irgendwann wird man aber bei einem anderen Anbieter wieder einen Bonus oder eine Gratiswette erhalten, um es dann wie beschrieben freizuspielen. Auf jeden Fall sollte man alles immer in Ruhe durch-rechnen, damit von dem Bonus immer noch etwas, oder im schlimmsten Fall wenigstens die Einzahlung übrig bleibt.

Im Folgenden will ich zwei andere Methoden beschreiben, mit denen man den Bonus oder zumindest einen Bonus-Anteil eines einzelnen Wettkontos freispielen kann. Allerdings sind diese nicht ganz risiko-los und sollten nur dann angewendet werden, wenn man bisher schon ein Guthaben erspielt hat und nun nur noch gewonnenes Geld einsetzt.

Methode 1: Sanfte Progression

Diese Methode eignet sich, wenn Sie bei einem Anbieter ein Guthaben retten wollen, sofern dieses ein recht großes Vielfaches des Mindesteinsatzes ist und der Zielumsatz im Verhältnis zum Guthaben nicht zu hoch ist. Ein paar Wochen Zeit sollte man dazu haben. Es ist nicht völlig risikolos, wenn auch das Risiko recht gering ist.

Um einen Eindruck von geeigneten Verhältnissen zu bekommen, hier ein Beispiel: Ich habe mit dieser Methode meinen zweiten Bonus bei Expekt umgesetzt. Das waren 50 € Bonus auf eine Einzahlung von 100 €. Das Guthaben betrug also 150 €. Das ist das 300-Fache des Minimaleinsatzes, der bei Expekt 0,50 € beträgt. Der Zielumsatz war 250 € bei einer Mindestquote von 1,5, zu erbringen innerhalb von 6 Monaten.

Nun zum Vorgehen. Es wird in Runden gewettet. Gestartet wird mit einer Wette zum Mindesteinsatz. Die Runde dauert so lange, bis eine Wette gewonnen wird. Wird die erste Wette verloren, spielt man eine zweite Wette usw. Man setzt dabei jeweils gerade so viel, dass man bei Gewinn gerade die Einsätze der verlorenen Wetten der Runde zurückerhält. Darum nenne ich das „sanfte" Progression, weil nur so viel gesetzt wird wie unbedingt nötig.

Zum besseren Verständnis ein paar Beispiele für solche Runden:

Runde 1:

Wette 1: Quote: 1,8, Einsatz: 0,50 €, Gesamteinsatz bisher: 0,50 €, Ausgang: gewonnen – Runde ist beendet – Return: 0,50 € • 1,8 = 0,90 €, Gewinn: 0,40 €

Runde 2:

Wette 1: Quote: 2,0, Einsatz: 0,50 €, Gesamteinsatz bisher: 0,50 €, Ausgang: verloren,
Wette 2: Quote: 1,5, Einsatz: 1,00 €, Gesamteinsatz bisher 1,50 €, Ausgang: gewonnen – Runde ist beendet – Return: 1,00 € • 1,5 = 1,50 €, Gewinn: 0,00 €

Runde 3:

Wette 1: Quote: 1,7, Einsatz: 0,50 €, Gesamteinsatz bisher: 0,50 €,
Ausgang: verloren,
Wette 2: Quote: 1,9, Einsatz: 0,56 €, Gesamteinsatz bisher: 1,06 €,
Ausgang: verloren,
Wette 3: Quote: 2,0, Einsatz: 1,06 €, Gesamteinsatz bisher: 2,12 €,
Ausgang: verloren,
Wette 4: Quote: 1,5, Einsatz: 4,24 €, Gesamteinsatz bisher: 6,36 €,
Ausgang: verloren,
Wette 5: Quote: 1,8, Einsatz: 7,95 €, Gesamteinsatz bisher: 14,31 €,
Ausgang: gewonnen – Runde ist beendet – Return: 7,95 € • 1,8 =
14,31 €, Gewinn: 0,00 €

Der Einsatz einer Runde berechnet sich wie folgt:

$$\text{Einsatz} = \frac{\text{Gesamteinsatz bisher}}{\text{Quote} - 1}$$

Wie man hier am Beispiel erkennen kann, werden die Einsätze bei
ein paar verlorenen Wetten recht schnell größer. Das Risiko dieser
Methode besteht darin, dass das Guthaben verspielt ist, bevor die
Runde beendet ist.
Dann hat man eben Pech gehabt. Deshalb eignet sich diese Metho-
de nur mal so zum Spaß und nur mit bereits gewonnenem Geld.

Dabei gewinnt man nur dann etwas dazu, wenn man gleich die erste
Wette gewinnt und die Runde damit beendet. Ansonsten generiert
man nur Wettumsatz und kommt damit der Erfüllung der Bonusbedingungen näher.

Ich will noch ein paar Wahrscheinlichkeitsbetrachtungen dazu anstellen. Für meine Betrachtungen gehe ich mal davon aus, dass immer
mit einer Quote von 2 gespielt wird. Das wird zwar in der Realität
nicht so sein, denn dort werden die Quoten von der Mindestquote bis
nicht viel größer als 3 reichen, denn man soll ja eine Chance haben,
die entsprechenden Wetten zu gewinnen.
Weiterhin gehe ich davon aus, dass einfache Wetten (2- oder 3-
Wege) verwendet werden, und dass der Wettanbieter durchschnitt-

lich gute Quoten hat, also jeweils etwa 90 % der Einsätze wieder ausschüttet.

Und weil wir es nicht besser wissen und nicht wirklich Ahnung vom Sport haben, nehmen wir einfach an, dass die Quoten die Wahrscheinlichkeiten der einzelnen Ausgänge der Begegnung halbwegs realistisch widerspiegeln.

Damit ist die Wahrscheinlichkeit, eine Wette mit der Quote 2 zu gewinnen:

$$\text{Gewinnwahrsch.} = \text{Ausschüttungsanteil} \cdot \frac{1}{\text{Quote}} = 0{,}9 \cdot \frac{1}{2} = 0{,}45$$

Damit können wir losrechnen: Angenommen, wir haben 150 € zum Wetten zur Verfügung, der Mindesteinsatz beträgt 0,50 €. Dann gibt es für den Verlauf einer Runde, die wie oben beschrieben gespielt wird, allerdings nur mit einer Quote von 2, folgende Varianten:

Variante 1:

Wette 1: Einsatz: 0,50 €, Gesamteinsatz bisher: 0,50 €, Ausgang: gewonnen – Runde ist beendet – Return: 1,00 €, Gewinn: 0,50 €.
Die Wahrscheinlichkeit hierfür ist 0,45 (siehe oben).

Variante 2:

Wette 1: wie in Variante 1 beschrieben, nur Ausgang: verloren. Die Wahrscheinlichkeit dafür ist 0,55.
Wette 2: Einsatz 0,50 €, Gesamteinsatz bisher: 1,00 €, Ausgang: gewonnen – Runde ist beendet – Return: 1,00 €, Gewinn: 0,00 €.
Die Wahrscheinlichkeit für den Verlauf der Runde ist 0,55 • 0,45 = 0,2475.

Variante 3:

Wette 1 und 2 wie in Variante 2, nur Ausgang von Wette 2: verloren.
Die Wahrscheinlichkeit hierfür ist 0,55 • 0,55 = 0,3025
Wette 3: Einsatz: 1,00 €, Gesamteinsatz bisher: 2,00 €, Ausgang: gewonnen – Runde ist beendet – Return: 2,00 €, Gewinn: 0,00 €.
Die Wahrscheinlichkeit für diesen Ausgang der Runde ist 0,55 • 0,55 • 0,45 = 0,136125.

Ich denke, das Rechenprinzip ist klar, deshalb hier eine Tabelle, welche die nächsten Varianten enthält, bis das Geld nicht mehr reicht.

Ende nach	Einsatz	Gesamteinsatz	Wahrscheinlichkeit
1	0,50	0,50	0,45
2	0,50	1,00	0,2475
3	1,00	2,00	0,136125
4	2,00	4,00	0,07486875
5	4,00	8,00	0,041177813
6	8,00	16,00	0,022647797
7	16,00	32,00	0,012456288
8	32,00	64,00	0,006850959
9	64,00	128,00	0,003768027

Wenn man also 9 Wetten mit einer Quote von 2 hintereinander verliert, hätte man von 150 € insgesamt 128 € verspielt. Man hätte also noch 22 € übrig. Diese könnte man noch einsetzen, um in einer zehnten und letzten Wette, die Sache doch noch zu einem guten Ende zu führen. Dafür bräuchte man allerdings eine höhere Quote. Die müsste so sein, dass

128 : (Quote − 1) = 22, also

Quote = (128 : 22) + 1 = 6,818

Die 10. Wette müsste also mindestens eine Quote von 6,818 haben, denn 22 € • 6,818 = 150 €.

Die Wahrscheinlichkeit für den Gewinn einer Wette mit der Quote von 6,818 berechnet sich 0,9 • (1 : 6,818) = 0,132.
Damit ist die Wahrscheinlichkeit dafür, dass die Runde mit der 10.Wette doch noch erfolgreich beendet wird
$0,55^9$ • 0,132 = 0,000607908

Damit können wir die Tabelle wie folgt ergänzen:

Ende nach	Quote	Einsatz	Gesamteinsatz	Wahrscheinlichkeit
1	2	0,50	0,50	0,45
2	2	0,50	1,00	0,2475
3	2	1,00	2,00	0,136125
4	2	2,00	4,00	0,07486875
5	2	4,00	8,00	0,041177813
6	2	8,00	16,00	0,022647797
7	2	16,00	32,00	0,012456288
8	2	32,00	64,00	0,006850959
9	2	64,00	128,00	0,003768027
10	6,818	22,00	150,00	0,000607908
Wahrscheinlichkeit, dass es gut ausgeht:				**0,996002542**
Wahrscheinlichkeit, dass es schief geht:				**0,003997458**

Zum Vergleich will ich noch die Ergebnistabelle angeben, wenn man statt mit einer Quote von 2 mit 1,5 rechnet.
Diese würde so aussehen:

Ende nach	Quote	Einsatz	Gesamteinsatz	Wahrscheinlichkeit
1	1,5	0,50	0,50	0,6
2	1,5	1,00	1,50	0,24
3	1,5	3,00	4,50	0,096
4	1,5	9,00	13,50	0,0384
5	1,5	27,00	40,50	0,01536
6	1,5	81,00	121,50	0,006144
7	5,263	28,50	150,00	0,000700437
Wahrscheinlichkeit, dass es gut ausgeht:				**0,996604437**
Wahrscheinlichkeit, dass es schief geht:				**0,003395563**

Hier müsste man nach weniger Wetten zum Ende kommen, da die Höhe der Einsätze aufgrund der kleineren Quote schneller steigt.
Das Endergebnis ist aber ähnlich zu dem der anderen Betrachtung.

So lässt es sich deuten: Von 1.000 Runden gehen im Schnitt 3 bis 4 schief. Um das Spiel zu beenden, reicht es, dass eine Runde schief geht. Das kann natürlich auch ganz am Anfang passieren. Dann hat man eben Pech gehabt. Deshalb sollte man so etwas nur mit gewonnenem Geld wagen.

Ich hatte das mit dem oben beschriebenen zweiten Bonus bei Expekt durchgespielt. Es ist gut gegangen. Ich habe 92 Runden gebraucht. Die längste Runde wurde erst mit der 8. Wette abgeschlossen. Dabei wurden nur Wetten mit Quote zwischen 1,5 und 3 verwendet. Am Ende konnte ich mir ein Guthaben von etwas über 160 € auszahlen lassen. Der Gewinn resultiert aus den Runden, die nur aus einer Wette bestanden. Das Ganze hat etwa 8 Wochen gedauert.

Da die meisten Runden kürzer sind, kann man ruhig mehrere Runden (etwa 3 bis 4) auf einmal beginnen. Man schreibt sich dann den Verlauf für jede Runde gesondert auf. Neue Runden beginnt man erst, wenn alle bisherigen beendet sind. Dadurch bringt man das Ganze eher zu einem Abschluss, d.h. der Zielumsatz ist schneller erreicht.

Fazit: Diese Methode ist mehr ein Gag als eine ernstzunehmende Strategie. Man kann das mal versuchen. Wenn man Glück hat, hat man keine Einbußen, sondern sogar noch etwas Gewinn zum Bonus dazu. Man sollte das aber nicht auf Dauer anwenden, denn irgendwann geht es mal schief.

Methode 2: Ausnutzung des Gesetzes der großen Zahlen

Diese Methode ist fast risikolos, sofern das Guthaben ein Vielfaches des Mindestumsatzes ist und eine schon vorher beschriebene Richtlinie gilt, und zwar:
Ein Bonusangebot ist lukrativ, wenn der Bonusbetrag viel höher ausfällt als 10 % des Zielumsatzes, vorausgesetzt natürlich, es werden immer etwa 90 % wieder ausgeschüttet. Zur Erinnerung: Der Ausschüttungsanteil berechnet sich wie folgt:

Bei 2-Wege-Wetten:

$$\text{Ausschüttungsanteil} = \frac{1}{\dfrac{1}{\text{Quote1}} + \dfrac{1}{\text{Quote2}}}$$

Bei 3-Wege-Wetten:

$$\text{Ausschüttungsanteil} = \frac{1}{\dfrac{1}{\text{Quote1}} + \dfrac{1}{\text{Quote2}} + \dfrac{1}{\text{Quote3}}}$$

Überprüfen Sie es an einigen Wetten des Anbieters, damit Sie in etwa die Größe wissen.

Das Prinzip dieser Methode besteht nun darin, einfach wahllos viele Wetten mit dem Mindesteinsatz abzuschließen. Wenn das wirklich sehr viele Wetten sind, wird man so ziemlich genau den Ausschüttungsanteil des gesamten Einsatzes erhalten.

Nehmen wir mal das Beispiel mit meinem zweiten Expekt-Bonus. Das Startguthaben war 150 € bestehend aus 100 € Einzahlung und 50 € Bonus. Der Zielumsatz betrug 250 €. Der Mindesteinsatz bei diesem Anbieter beträgt 0,50 €.
Also wären das insgesamt 500 Wetten mit je 0,50 € Einsatz. Zuerst könnte man also mit den 150 € nur maximal 300 Wetten setzen, wenn dann Gewinne verbucht werden, ginge es weiter.

Nun wird es in den seltensten Fällen so viele geeignete Wetten gleichzeitig geben. Am besten sucht man sich alle Listen von geeigneten Wetten, z. B. Fußball und klickt dann jeweils einen Ausgang an. Nachdenken muss man dabei nicht. Es ist einfach viel „Klickarbeit". Die einzelnen Wetten braucht man sich nicht extra zu notieren. Man sollte sich nur merken, wie viel man insgesamt schon gesetzt hat, um das Erreichen des Zielumsatzes nicht zu verpassen. Auf jeden Fall sollte man aufpassen, dass man nicht mehrmals auf die gleichen Begegnungen wettet.

Zu meinem Beispiel: Man würde etwa 90 % aller Einsätze zurückerhalten, also würde man bei insgesamt 250 € Einsatz etwa 25 € verlieren, d. h. von dem Bonus von 50 € würden 25 € übrig bleiben.

Fazit: Sehr viel Klickarbeit, ohne nachzudenken. Ist aber geeignet, um den Einsatz und einen Teil des Bonus zu retten, wenn oben beschriebene Bedingungen erfüllt sind und kein zweites Wettkonto zum Freispielen zur Verfügung steht.

Wenn man mehrere Wettkonten zum gegenseitigen Freispielen wie im Schritt 1 dargestellt zur Verfügung hat, ist das natürlich immer den beiden hier beschriebenen Methoden vorzuziehen.

Schritt 3: Werte

So, und nun wird es erst richtig interessant. Bisher war alles nur Vorarbeit. Wir haben bisher ein paar Gewinne erwirtschaftet, aber diese bilden nur das Startkapital für eine auf Dauer einträglichere Methode.
Ab jetzt wird es nötig, dass wir uns ein wenig mit den Sportarten, auf die wir wetten, beschäftigen. Aber keine Angst, das hält sich in Grenzen. Sie müssen kein Experte werden, der auf jede Frage zu diesem Sport eine Antwort hat.

Doch zunächst möchte ich ein wenig abschweifen. Wozu das gut ist, werden Sie noch sehen.
Beginnen wir mit einem Spiel. Es ist ein ziemlich einfaches Glücksspiel. Es geht so: Es wird eine Münze geworfen. Es ist eine völlig normale Münze mit einer Zahl und einem Wappen. Dass nach dem Wurf die Zahl oben liegt, ist gleich wahrscheinlich, dass das Wappen oben liegt, also jeweils 0,5. Sie setzen auf das Ergebnis des Münzwurfes. Wenn Sie richtig geraten haben, erhalten Sie das Dreifache Ihres Einsatzes zurück, wenn Sie falsch lagen, verlieren Sie Ihren Einsatz.

Nehmen wir an, Sie haben zum Spiel insgesamt 100 € zur Verfügung und die Münze wird 100-mal geworfen.
Wenn Sie bei jedem Wurf 1 € setzen, wird folgendes passieren: Sie werden in etwas 50-mal verlieren und 50-mal gewinnen. Bei den verlorenen Würfen, werden Sie also insgesamt 50 € los, aus den gewonnenen Würfen haben Sie allerdings 150 €. Am Ende haben Sie also aus Ihren 100 € insgesamt etwa 150 € gemacht.

Nun könnte man sich überlegen, ob es nicht noch besser geht. Anstelle immer den gleichen festen Betrag bei jedem Wurf einzusetzen, könnte man immer mit einem bestimmten Anteil des jeweils vorhandenen Kapitals spielen. Wie wäre es zum Beispiel mit jeweils der Hälfte? Also setzt man für den ersten Wurf 50 € ein. Würde man gewinnen, hätte man danach die restlichen 50 € und dazu 150 €, also insgesamt 200 €. Im nächsten Wurf würde man also 100 € einsetzen. Würde man den ersten Wurf verlieren, hätte man danach nur noch die verbleibenden 50 €, würde also im zweiten Wurf nur noch 25 € einsetzen usw.

Wie ginge die Sache aus? Das kann man sich leicht überlegen: In den Fällen, in denen man verliert, halbiert man sein Kapital. In den Fällen, in denen man gewinnt, verdoppelt man sein Geld. (Die Hälfte bleibt stehen, die andere Hälfte wird verdreifacht, man hat damit also 0,5 + 3 • 0,5 = 2, damit also den Gesamtbetrag verdoppelt.) Da man von den 100 Würfen etwa 50 verlieren und 50 gewinnen wird, wird das Ausgangskapital insgesamt 50-mal mit 0,5 und 50-mal mit 2 multipliziert. In welcher Reihenfolge die 50 Gewinne bzw. 50 Verluste auftreten, ist vollkommen egal. Wir haben also in etwa ein Ergebnis von:

$$100 \text{ €} \cdot 0{,}5^{50} \cdot 2^{50} = 100 \text{ €} \cdot (0{,}5 \cdot 2)^{50} = 100 \text{ €} \cdot 1^{50} = 100 \text{ €}$$

Wir hätten also weder gewonnen noch verloren.

Versuchen wir nun einen anderen Faktor. Wie wäre es, immer ein Viertel einzusetzen? Also wir beginnen mit 25 €. Wenn wir gewinnen, haben wir danach 75 € + 3 • 25 € = 150 €, und setzen im zweiten Wurf 150 € • 0,25 = 37,50 € ein. Verlieren wir den ersten Wurf, bleiben die restlichen 75 €, also setzen wir im zweiten Wurf 18,75 € ein usw.

Wie würde das nun ausgehen? Die Überlegungen sind die gleichen wie im vorigen Ansatz, nur mit anderen Zahlen. In den Fällen, in denen man verliert, bleiben ¾ des Geldes, in den Fällen, in denen man gewinnt, kommen zu den nicht gesetzten ¾ noch 3 • ¼ = ¾ dazu, also würde man insgesamt mit ¾ + ¾ = ³/₂ multiplizieren. Jetzt gehen wir wieder davon aus, dass wir 50-mal verlieren und 50-mal gewinnen. Damit haben wir hier ein Ergebnis von:

$$100 \text{ €} \cdot \tfrac{3}{4}^{50} \cdot \tfrac{3}{2}^{50} = 100 \text{ €} \cdot (\tfrac{3}{4} \cdot \tfrac{3}{2})^{50} = 100 \text{ €} \cdot \tfrac{9}{8}^{50} =$$
$$100 \text{ €} \cdot 1{,}125^{50}$$

Bevor wir das Endergebnis ansehen, sollten wir uns klar machen, was das bedeutet: Der Betrag von 100 € wird hintereinander 50-mal mit 12,5 % verzinst, und zwar mit Zinseszins. Und nun – Luft anhalten – das Ergebnis ist 36.109,89 €.

Im folgenden Diagramm ist ein Beispiel für die Entwicklung des Guthabens unter Verwendung der drei verschiedenen Einsatzvarianten dargestellt. Die untere sanft ansteigende Linie zeigt den Verlauf bei gleichen Einsätzen von jeweils 1 €. Die zunächst rasant ansteigende und dann wieder auf 100 € herabfallende Linie zeigt, wie es verlaufen kann, wenn man bei jedem Wurf die Hälfte des Guthabens setzt. Die dritte Linie zeigt, wie das bei Einsatz jeweils eines Viertels aussehen kann.

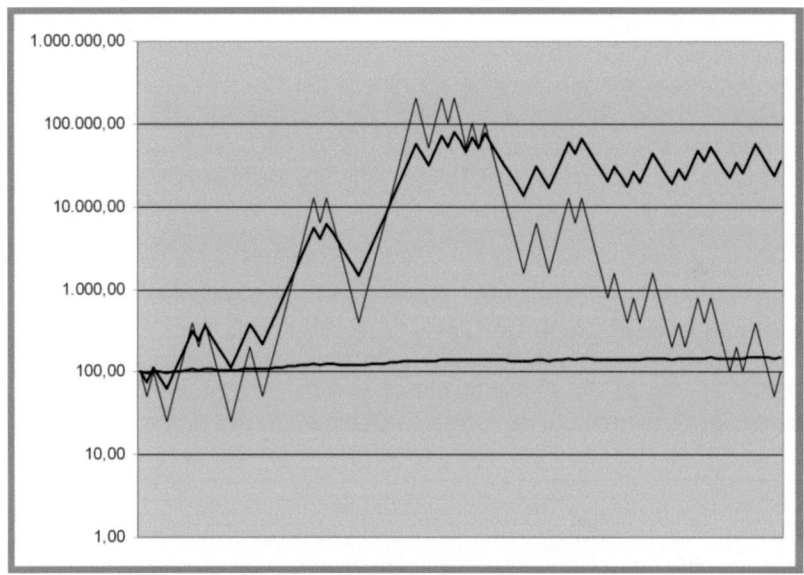

Ehrlich gesagt ist es ziemlich gewagt, nur 100 Würfe zu betrachten. Das sind eigentlich zu wenig, um davon auszugehen, dass jedes mögliche Ereignis (also „gewonnen" oder „verloren") genau so oft auftritt, wie es seiner Wahrscheinlichkeit entspricht. Man kann sich sicher leicht vorstellen, dass das Endergebnis der beiden stark schwankenden Verläufe ziemlich abweicht, wenn nur ein bis zwei Würfe abweichen.

Man hätte also besser 1.000 oder gar 10.000 Würfe betrachten sollen. Vom Prinzip her wäre das Gleiche herausgekommen. Bei gleichen Einsätzen wäre ein sanfter, nahezu linearer, Anstieg zu verzeichnen, bei Einsatz jeweils der Hälfte würde sich das Guthaben nach vielem Hin- und Herschwanken, mit durchaus riesigen Ausschlägen, wieder zum Anfangswert von 100 € hinbewegen. Bei Einsatz von jeweils einem Viertel würde das Guthaben ebenfalls unter großen Schwankungen immer weiter steigen, und zwar gewaltig.

Der Vollständigkeit halber will ich noch erwähnen, was herauskommt, wenn man immer ¾ des Guthabens setzt. Aus den 100 € werden in etwa 0,000000006 €. Das geht natürlich praktisch gar nicht, da man den Cent nicht beliebig teilen kann. Also würde man alles verspielen.

Nach diesem kleinen Ausflug zu einem sehr netten Glücksspiel mit Vorteil für den Spieler wollen wir uns nun wieder der Wirklichkeit zuwenden. Wir werden sehen, dass die Wirklichkeit zwar nicht ganz so schön ist, aber dass sich einiges aus unserem konstruierten Spiel mit ein paar kleinen Änderungen auch in der Wirklichkeit wiederfinden lässt.

Was wir zunächst brauchen, sind Wetten mit Vorteil für uns. So etwas nennt man „Value Bet", also eine Wette mit Wert. Was ist das nun genau? Es handelt sich dabei um eine Wette, bei der die Quote höher ist, als es die Gewinnwahrscheinlichkeit zulassen dürfte. Das klingt sehr theoretisch. Anhand von Beispielen wird das klar:

Beispiel 1:

Spieler A gegen Spieler B in irgendeiner Sportart. Die Quote für den Sieg von Spieler A ist 2,10, die Quote für Spieler B ist 1,65. Die beiden sind in etwa gleich stark. Es ist schwer zu sagen, wer gewinnt. Die Wahrscheinlichkeit für den Sieg von Spieler A ist gleich der für den Sieg von Spieler B, und zwar 0,5.
Nun hat Spieler A aber eine Quote von 2,10. Nun ist 2,10 • 0,5 = 1,05. Dieser Wert ist größer als 1, damit ist eine Wette auf Spieler A eine Wert-Wette oder „Value Bet".
Wäre es ein Spiel, das man wie unser vorher beschriebenes konstruiertes Spiel beliebig oft wiederholen könnte, würde man bei gleich bleibenden Einsätzen etwa 0,05, also 5 % aller Einsätze dazugewinnen.
Man nennt das auch die Gewinnchance der Wette. Diese Wette hat eine Chance von 0,05. Das ist größer als null. Das ist genau das, was eine Value Bet auszeichnet.

Beispiel 2:

Bei einem Rennen von 6 Teilnehmern ist die Quote für einen bestimmten Teilnehmer 5. Die Wahrscheinlichkeit, dass dieser Teilnehmer gewinnt, ist 0,25. Es sei mal dahingestellt, wie diese Wahrscheinlichkeit ermittelt wurde. Da $5 \cdot 0,25 = 1,25$ ist, liegt hier eine Value Bet mit einer Chance von 0,25 vor.

Wenn wir noch einmal unser Spiel betrachten, bei dem es mit einer Wahrscheinlichkeit von 0,5 das Dreifache des Einsatzes zurückgab, wird klar, dass es sich bei jedem Münzwurf um eine besonders gute Value Bet handelte, denn $3 \cdot 0,5 = 1,5$.

Wie finden wir nun Value Bets, und zwar möglichst häufig? Durch Beobachten und Ausprobieren!

Ich will mal beschreiben, wie das bei mir war. Ich war dabei, Bonus-Angebote auszunutzen und geeignete Wetten zu suchen, mit denen ich, wie im ersten Schritt der Strategie beschrieben, möglichst viel von den Bonusbeträgen retten konnte. Dabei verwendete ich häufig Tenniswetten, weil das so schön einfache 2-Wege-Wetten sind. Dabei stellte ich fest, dass nicht immer der Favorit mit der kleineren Quote gewinnt, sondern durchaus auch mal der andere. Besonders wenn die Quoten nicht so weit auseinanderliegen.
Später, als ich die beschriebene Methode der sanften Progression ausprobierte, verwendete ich auch recht häufig Tenniswetten. Irgendwann blieb ich im Fernsehen auf einem Sportkanal hängen und zufällig übertrugen sie dort gerade das Match, auf das ich eine Wette platziert hatte. Ich hatte auf den Favoriten gesetzt, aber der gewann nur ganz knapp. Die Sache begann, mich zu interessieren. Ich fand diesen Sport ganz spannend und sah recht gerne zu. Im Laufe der Zeit kannte ich so nebenbei auch die Namen der besten Spieler.

Bei einem Wettanbieter, und zwar Bwin, fiel mir auf, dass er jeweils neben den Wetten einen Link zu einer sehr kurzen Statistik anbietet. Dort steht in Kurzform genau das, was ich für meine Entscheidung brauche. Für Tennis sieht das so aus, dass jeweils unter den Namen der Spieler ein Spielstand aufgeführt ist, wie oft derjenige jeweils gegen den anderen gewonnen hat, z. B. 3:1 o. ä., sofern die beiden Spieler bereits gegeneinander angetreten sind. Weiterhin sieht man den Rang in der Weltrangliste und darunter eine Auflistung der letzten Spiele für jeden der beiden, in der man sehen kann, wie gegen andere Spieler abgeschnitten wurde.

Da ich noch ein kleines Restguthaben bei diesem Anbieter hatte, so etwa um die 5 €, also zu klein, um ausgezahlt zu werden, und da ich dieses ruhig verlieren konnte, ohne insgesamt ins Minus zu rutschen, probierte ich damit mit kleinen Wetten zu je 0,50 € folgendes aus:

Ich suchte mir die Matches heraus, bei denen ein Spieler eine Quote größer als 2 aber kleiner als 3 hatte. Nach einem Blick auf die kompakte Statistik überlegte ich mir, ob der Spieler mit der Quote von über 2 die gleiche Chance hat wie der andere, das Match zu gewinnen. In dem Fall setzte ich auf diesen Spieler. Nach vielen Wetten stellte ich fest, dass ich zu jeder Zeit immer etwas mehr als die Hälfte dieser Wetten gewonnen hatte. Das bedeutet also für mich: Wenn ich eine derartige Wette mit einer Quote von über 2 platziere, ist die Wahrscheinlichkeit, dass ich Recht habe, etwa 0,5 (oder etwas mehr). Damit ist das eine Value Bet und eignet sich für die Value-Bet-Strategie.

Es gibt sicherlich auch in anderen Sportarten ähnliche Möglichkeiten. Jeder muss für sich selbst ausprobieren, wie er die geeigneten Wetten findet. Dabei ist es wichtig, eine Methode zu entwickeln, mit der man immer wieder, jeden Tag oder fast jeden Tag, geeignete Wetten findet. Es sollte auch nicht zu aufwendig sein. Es bringt nichts, wenn man zur Untersuchung, ob eine Wette geeignet ist, jeweils Stunden braucht. Es ist immer gut, Statistiken anzusehen, aber dann bitte nicht zu weit zurückreichend. Deshalb gefällt mir die von Bwin angebotene Aufstellung so gut. Sie enthält gerade die Informationen, die mich interessieren.

Wichtig ist auch, dass man lange genug übt, entweder auf dem Papier oder wie ich mit einem Restguthaben und kleinen Einsätzen. Wenn man von 10 Wetten zufällig 7 richtig hatte, sollte man nicht daraus schließen, dass die Wahrscheinlichkeit, richtig zu liegen, 70 % beträgt. Wenn Sie allerdings von 1.000 Wetten 700 Richtige haben, ist das schon etwas anderes. Was ich damit sagen will, ist: Die „Trockenübungsphase" kann gar nicht lang genug sein.

Die Ergebnisse findet man entweder bei den Wettanbietern, deren Quoten man für seine Übungen auf dem Papier verwendet hat, oder im Internet auf Seiten wie www.kicker.de.

Weiterhin sollte man nur vergleichbare Quoten „in einen Topf" stecken. Damit meine ich, eine bestimmte enge Spanne für die Quote festlegen oder nur Wetten gleicher Sportart gemeinsam betrachten. Was sagt es Ihnen, wenn Sie von 1.000 Testwetten auf irgendwelche Sportarten mit Quoten von 2 bis 10 einen bestimmten Anteil richtig hatten? Damit lässt sich die Chance Ihrer Wetten nicht wirklich abschätzen. Also ist es besser, sich auf eine engere Spanne von Quoten zu beschränken – wie in meinem Beispiel zwischen 2 und 3 – oder gesonderte Betrachtungen für verschiedene Wettarten bzw. Quotenspannen anzustellen.

Es gibt immer geeignete Wetten, also Wetten mit Quoten, die höher sind, als es die tatsächliche Wahrscheinlichkeit zulassen würde. Das ist deshalb so, weil niemand die tatsächliche Wahrscheinlichkeit kennt. Die Quoten spiegeln nur die Meinung der Masse wieder. Da der Wettanbieter in jedem Fall gewinnen will, sinken die Quoten für ein Ergebnis, je mehr darauf gewettet wird, und sind andererseits umso höher für Wettausgänge, auf die bisher nicht so viele Leute gewettet haben.

Nehmen wir einmal an, wir haben nun auf diese Art und Weise eine Strategie zur Auswahl der Wetten gefunden. Jetzt benötigen wir noch eine Methode zur Bestimmung der richtigen Höhe des Wetteinsatzes. Sicher kann man einfach für jede Wette den gleichen Betrag einsetzen. Dann wird man sein Guthaben auf lange Sicht hin leicht vermehren. Schöner wäre es allerdings, ein besseres Ergebnis zu erzielen. Das schafft man, indem man jeweils einen bestimmten Anteil seines Guthabens setzt. Die spannende Frage ist nun, wie hoch dieser im Optimalfall sein müsste.

Kehren wir noch einmal zu unserem anfangs konstruierten Spiel zurück. Dass wir hier jeweils ein Viertel des Guthabens als Einsatz benutzt und dabei das beste Ergebnis erzielt haben, ist kein Zufall.
Den Anteil des Guthabens, den man jeweils setzen muss, um auf lange Sicht das höchste Ergebnis zu erhalten, berechnet man mit der Kelly-Formel. Sie geht zurück auf John Kelly.

Ich will hier die meiner Meinung nach am einfachsten zu merkende Variante dieser Formel darstellen:

$$\text{Einsatzanteil} = \frac{\text{Chance}}{\text{Gewinnquote}}$$

Wie die Chance berechnet wird, wissen wir bereits:

Chance = (Wettquote • Wahrscheinlichkeit) − 1

Die Gewinnquote ist nichts weiter als:

Gewinnquote = Wettquote − 1

Das ist das, was man zu einem Einsatz von 1 dazubekommt, wenn man gewinnt.

Wenn wir diese Berechnung für das Münzen-Spiel anwenden, haben wir folgendes:

Chance = (3 • 0,5) − 1 = 0,5

Gewinnquote = 3 − 1 = 2

Einsatzanteil = 0,5 : 2 = 0,25

Diesen Einsatz nennt man auch den Kelly-Einsatz.

Setzt man das Doppelte des Kelly-Einsatzes, wird man auf lange Sicht nichts verlieren bzw. gewinnen. Setzt man mehr, wird man auf lange Sicht verlieren.
Bei Einsätzen, die kleiner als der doppelte Kelly-Einsatz sind, werden wir also auf lange Sicht immer gewinnen. Die besten Ergebnisse erzielt man, je näher man an den Kelly-Einsatz herankommt.

Bei unseren echten Sportwetten kann die Gewinnwahrscheinlichkeit nicht exakt angegeben werden, sie ist immer nur eine Schätzung. Deshalb ist es wichtig, ziemlich genau zu schätzen, womit sich der Kreis wieder schließt.

Schauen wir uns mein Beispiel mit den Tenniswetten an. Nehmen wir an, ich habe ein Match gefunden, bei dem ein Spieler eine Quote von 2,2 hat und welches meine Kriterien erfüllt. Das heißt, ich will auf diesen Spieler wetten. Da ich in meinem Modell die Wahrscheinlichkeit mit 0,5 annehme, ergibt sich so als Chance für diese Wette $2,2 \cdot 0,5 - 1 = 0,1$. Die Gewinnquote ist $2,2 - 1 = 1,2$. Damit ist der nach der Kelly-Formel berechnete Einsatzanteil $0,1 : 1,2 = 0,0833$. Wenn ich derzeit ein Guthaben von 100 € hätte, würde ich also $100 € \cdot 0,0833 = 8,33$ € setzen.

Je nachdem, wie diese Wette ausgeht, d.h. wie hoch danach mein Guthaben aussieht, welche Quote (und Wahrscheinlichkeit) die nächste Wette hat, berechne ich den nächsten Einsatz.

Wenn man die Wahrscheinlichkeit bei der Berechnung des Einsatzes realistisch einschätzt, wird man auf lange Sicht dabei maximalen Gewinn erzielen. Wenn man dabei jedoch zwischendurch den Verlauf der Guthabenshöhe betrachtet, gibt es dafür nur eine treffende Bezeichnung: „himmelhoch jauchzend – zu Tode betrübt". Damit meine ich die starken Schwankungen. Wie kann man diese etwas besänftigen? Ganz einfach: Wir teilen das Guthaben in mehrere Teile auf und spielen mit jedem Teil extra. Es ist ziemlich unwahrscheinlich, dass sich alle Teile gleich entwickeln. Ein weiterer Vorteil ist, dass man dabei mehrere Wetten gleichzeitig setzen kann, während man sonst immer auf den Ausgang einer Wette warten muss, um das neue Guthaben zu kennen und so den Einsatz für die nächste Wette berechnen zu können.

Ich will das mal an meinem Tennisbeispiel darstellen, allerdings etwas vereinfacht. Ich nehme mal an, dass die Quote für jede Wette 2,2 und die Gewinnwahrscheinlichkeit 0,5 ist.
In der folgenden Grafik sehen Sie einen möglichen Verlauf des Guthabens ohne Aufteilung (dünne Linie) und mit Aufteilung in drei Teile (dickere Linie). Um das wirklich vergleichbar zu machen, verwendete ich für das Gesamtguthaben die Wetten, die ich sonst nur für den ersten Teil des aufgeteilten Guthabens angesetzt habe.

Diese Darstellung benutzt natürlich wieder ein viel zu kurzes Intervall.

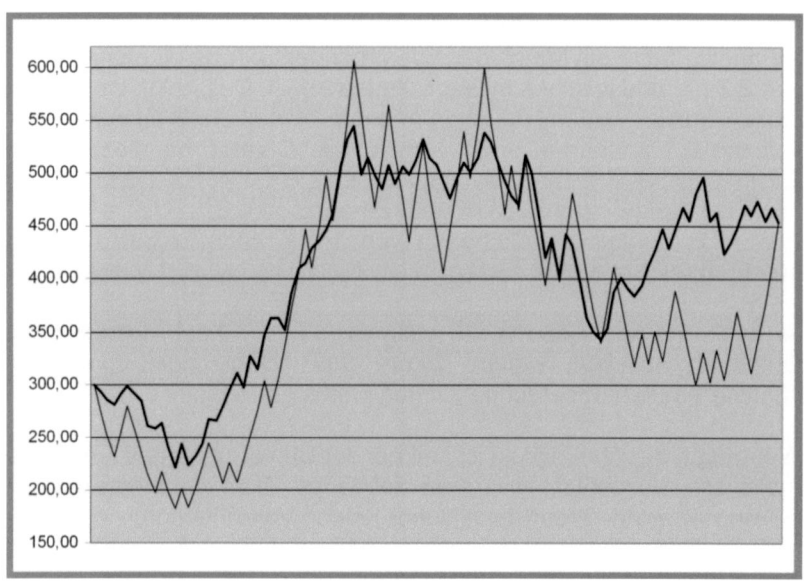

Die Dramatik der Schwankungen wird in dieser Zeichnung deutlich:

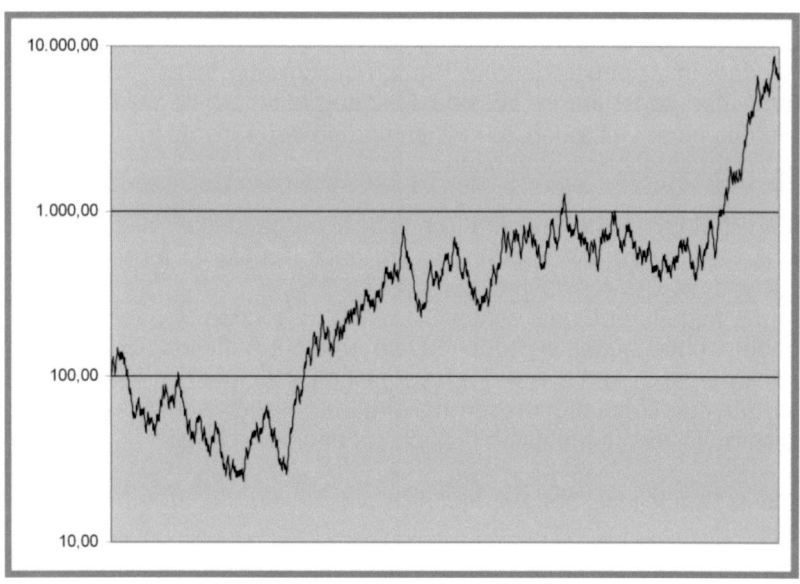

Dort ist ein möglicher Wettverlauf von 1.000 Wetten hintereinander dargestellt. Es wird davon ausgegangen, dass insgesamt 500 Wetten gewonnen werden.

Wenn wir fast jeden Tag eine Wette spielen, können wir davon ausgehen, dass das Ganze etwa drei Jahre dauern würde. Das Endergebnis wären über 6.000 € bei einem Startkapital von 100 €. Da soll mir doch erst mal jemand eine Geldanlage zeigen, die so etwas leistet!

Aber seien wir ehrlich: Zum einen sind so hohe Einsätze, wie zum Ende hin nötig gewesen wären, z. T. gar nicht möglich, weil manche Wettanbieter das nicht zulassen, oder weil man sich einfach nicht traut, soviel auf einmal zu setzen, zum anderen hätten wir doch sicher bei einem solchen Verlauf nach etwa einem Jahr den Mut verloren, denn es ging doch zunächst mehr ab- als aufwärts. Und hätten wir doch weitergespielt, wer weiß, vielleicht wären wir schon eher ausgestiegen.

Wenn wir allerdings das Guthaben aufgeteilt hätten, vielleicht anfangs in zwei bis drei Teile – später kann man weiter aufteilen – würden die Schwankungen nicht so dramatisch ausfallen, denn es ist recht unwahrscheinlich, dass man mit allen Teilen gleichzeitig die gleichen Pech- bzw. Glückssträhnen hat.

Wir können unser Gesamtguthaben aber auch nicht in beliebig viele kleine Teile aufteilen. Die Teilguthaben müssen noch groß genug sein, dass man den mit der Kelly-Formel errechneten Einsatz auch setzen kann, d.h. dass dieser nicht unter dem zulässigen Mindesteinsatz liegt.
Wie groß der mittels der Kelly-Formel errechnete Anteil ist, richtet sich nach Ihrer Wettmethode. Nehmen wir an, Sie haben eine Möglichkeit gefunden, dass Sie oft eine Wette finden, deren Quote etwa 3,2 ist, die Sie in einem Drittel der Fälle gewinnen. $3,2 \cdot 1/3 = 1,066$. Damit haben wir eine Chance von 0,066. Die Gewinnquote ist $3,2 - 1 = 2,2$. Damit ist der nach Kelly zu setzende Anteil des Guthabens $0,066 : 2,2 = 0,03$. Nehmen wir an, der Mindesteinsatz ist 0,50 €. Bei einem Teilguthaben von 20 € wäre der Einsatz also 0,60 €. Nehmen wir an, der Einsatz würde verloren. Dann hätten wir noch $20 € - 0,60 € = 19,40 €$. Dann würde man also 0,58 € setzen.

Ginge das auch schief, hätte man danach noch 18,82 €. Man würde nun also 0,56 € setzen. Verlören wir nun auch noch diese dritte Wette, hätten wir noch 18,26 €. So würde es weitergehen:

Guthaben	Einsatz
20,00	0,60
19,40	0,58
18,82	0,56
18,26	0,55
17,71	0,53
17,18	0,51
16,67	0,50
16,17	0,49 – zu klein

Auch wenn die Wahrscheinlichkeit, dass man die Wette gewinnt, ein Drittel ist, kann es doch vorkommen, dass man öfter hintereinander falsch liegt. Und da wird es mit so einem knapp bemessenen Teilguthaben wie in dem Beispiel schon eng. In dem Fall wäre man mit einem etwas höheren Teilguthaben (etwa 30 bis 50 €) besser beraten. Wie das in Ihrem konkreten Fall aussieht, richtet sich nach der Art Ihrer Wetten.

Um die Schwankungen noch besser zu glätten, spricht nichts dagegen, ein Teilguthaben wieder in zwei Teile aufzuteilen, wenn es sich verdoppelt hat, o. ä. Allerdings sollte auch die Anzahl der Teilguthaben noch überschaubar sein, denn Sie müssen darüber genauestens Buch führen. Obwohl sich alles Geld auf einem Wettkonto befindet, tun Sie so, als spielten Sie mit verschiedenen Wettkonten getrennt. Dabei geben Sie für verschiedene Teilguthaben nie die gleiche Wette ab.

Eines ist und bleibt wichtig: Sehen Sie das Ganze als einen Spaß an und setzen Sie nur gewonnenes Geld ein. Am besten, Sie setzen nur einen Teil Ihres in Schritt 1 und 2 gewonnenen Geldes ein. Denn dann ist es nicht so schlimm, sollte Ihre Value-Bet-Methode trotz vieler Tests und „Trockenübungen" und reiflicher Überlegungen doch nicht funktionieren.
Wenn aber alles hervorragend läuft und Sie schöne Gewinne machen, lassen Sie sich ab und zu auch mal etwas auszahlen und gönnen Sie sich etwas.

So, damit ist meine aus drei Schritten bestehende Strategie vollständig dargestellt. Um das Büchlein abzurunden, werde ich noch mal die wichtigsten Hinweise in Checklisten zusammenfassen und ein paar Musterübersichten darstellen, die Sie für Ihre Zwecke kopieren oder mit einem Tabellenkalkulationsprogramm nachbilden bzw. erweitern können.

Anhang

<u>Checklisten</u>

Hier habe ich die wichtigsten Hinweise noch einmal in Kurzform zusammengefasst. Ausführlich nachzulesen ist das in den einzelnen Kapiteln.

Voraussetzungen zum Online-Wetten:

- Internetzugang und E-Mail-Adresse.
- Startkapital. Optimal sind ein paar Hundert Euro, die man für einige Wochen nicht benötigt.
- Ein Girokonto ist zwingend erforderlich, am besten ein Online-Konto, denn dann werden Überweisungen schneller ausgeführt. Ein Tagesgeldkonto zum Zwischenparken der Gewinne ist von Vorteil.
- Eine Kredit- oder Debit-Karte, z.b. VISA wäre optimal, aber nicht zwingend erforderlich. Diese sollte man sowieso nur benutzen, wenn es nicht anders geht.

Bonusangebote finden:

- In einer Suchmaschine nach „Sportwetten Bonus" suchen.
- Dadurch findet man Seiten wie z.B. <u>www.wettbasis.de</u>, die Bonusangebote verlinken. Oftmals gibt es noch einen zusätzlichen Bonus, wenn man sich über einen solchen Link anmeldet.

Anmeldung bei Wettanbietern mit Bonus:

- Bedingungen direkt beim Anbieter nachlesen, nur was dort steht gilt.
- Nur dann ein Konto eröffnen, wenn die Bedingungen (sowohl Allgemeine Geschäftsbedingungen als auch Bonus-Bedingungen) klar sind und seriös erscheinen.
- Eine Richtlinie, ob ein Bonusangebot geeignet ist, kann man so ausdrücken: Ein Bonusangebot ist lukrativ, wenn der Bonusbetrag viel höher ausfällt als 10 % des Zielumsatzes. (Bei

Anbieter mit sehr schlechten, d. h. niedrigen Quoten mehr als 10 % in der Bedingung ansetzen.)

- Darauf achten, ob Bonusgutschrift automatisch erfolgt oder ein E-Mail geschrieben werden muss.
- Bei Unklarheiten, nettes E-Mail mit Fragen senden, das ist gleichzeitig ein Test der Kundenfreundlichkeit.
- Auf SSL-Verbindung achten, erkennt man am https, Anbieter ohne SSL-Verbindung meiden oder zumindest keine Kreditkartendaten eingeben.
- Einzahlungen per Überweisung sind Kreditkartenzahlungen vorzuziehen, so werden Gebühren vermieden bzw. Nachweis des Besitzes der Kreditkarte.
- Nicht unter Zeitdruck setzen lassen, wenn ein Bonusangebot ausläuft, kommt meistens ein neues, manchmal sogar besseres.

Bonusfreispielen mit mehreren Wettkonten:

- Zeit nehmen für Planung, nur solche Wetten verwenden, bei denen noch mehrere Stunden Zeit sind, falls doch ein Fehler unterläuft, ist dieser noch korrigierbar.
- Bei den betreffenden Anbietern gleichzeitig einloggen, mehrere Browserfenster oder Tabs verwenden, Wetten unmittelbar hintereinander abschicken.
- Übersichtliche Notizen zu Bonusbedingungen, Guthaben, Einsätzen, restlichen Zielumsätzen, Terminen anfertigen, da Wettanbieter es Ihnen in der Regel nicht mitteilen, wenn Sie die Bonusbedingungen erfüllt haben.
- Nicht zu viele Stunden in die Suche nach geeigneten Wetten zum Bonusfreispielen investieren, es gibt dafür zu viele Wettangebote, und Quoten ändern sich. Wenn man eine gute Lösung gefunden hat, diese verwenden.
- Nur solche Wetten verwenden, die bei allen betreffenden Anbietern gleich funktionieren.
- Nur solche Wetten verwenden, die man verstanden hat.
- Lieber einmal mehr nachrechnen als einen Fehler machen.
- Auf einen Nachweis per Personalausweis-Scan usw. vorbereitet sein. Qualität des Scans nur so gut wie nötig, um als Nachweis zu dienen.

- Auf Sonderregeln bei vorzeitiger Beendigung eines Matches, Verschiebung oder Aufgabe bei den einzelnen Wettanbietern achten.

Bonusfreispielen mittels „sanfter Progression" bzw. „Gesetz der großen Zahlen"

- Sanfte Progression ist nur ein Gag, sollte wenn überhaupt, nur mit gewonnenem Geld gespielt werden.
- Gesetz der großen Zahlen, also „hirnlos" viele kleine Wetten spielen, nur wenn kein zweites Konto zum Freispielen in Sicht und nicht mehr allzu viel Zeit ist.

Value-Bet-Strategie

- Eine Methode zum Auffinden von Value-Bets in „Trockenübungen" entwickeln, d.h. nur auf dem Papier wetten.
- Die „Trockenübungen" sollten umfangreich genug sein, mindestens 100, wenn nicht sogar noch mehr Testwetten, um eine relativ sichere Prognose über die Trefferquote anstellen zu können.
- Nur ähnlich Geartetes (gleiche Sportarten, Quoten innerhalb einer kleinen Spanne) zusammen auswerten.
- Ergebnisse der Begegnungen findet man bei den Anbietern selbst oder sehr viele auch auf www.kicker.de bzw. vergleichbaren Internetseiten.
- Nur bereits gewonnenes Geld einsetzen.
- Einsatz mittels der Kelly-Formel als Anteil des vorhandenen Guthabens berechnen:

Kelly-Formel:

$$\text{Einsatzanteil} = \frac{\text{Chance}}{\text{Gewinnquote}}$$

Dabei sind:

Chance = (Wettquote $\cdot$ Wahrscheinlichkeit) $-$ 1
Gewinnquote = Wettquote $-$ 1

- Guthaben in mehrere Teilguthaben (nicht zu klein) aufteilen und mit jedem mit gesonderten Wetten mit Kelly-Einsatz spielen. So werden Schwankungen nicht so groß.
- Das Ganze nicht so verbissen sehen, sondern als Spaß!

Musterübersichten – zum Kopieren oder Erweitern

Aufzeichnungen zum Bonusfreispielen:

	Leer	Anbieter 1	Anbieter 2	Anbieter 3	gesamt
Anbieter-Name:					
Einzahlung:					
Bonus:					
Startguthaben:					
Zielumsatz:					
Mindestquote:					
Termin:					
Sonstiges:					
Guthaben:					
Rest-Zielumsatz:					
Sportereignis:					
Wette:					
Quote:					
Einsatz:					
Weitere Wette:					
Quote:					
Einsatz:					
Ergebnis:					
Guthaben:					
Rest-Zielumsatz:					
Sportereignis:					
Wette:					
Quote:					
Einsatz:					
Weitere Wette:					
Quote:					
Einsatz:					
Ergebnis:					
Guthaben:					
Rest-Zielumsatz:					

Planung von Wetten zum Bonusfreispielen:

Ereignis:				
Anbieter:				
Wette:				
Quote:				
				gesamt
Einsatz:				
Return:				
			Verlust:	
			Verlust %:	

Ereignis:				
Anbieter:				
Wette:				
Quote:				
				gesamt
Einsatz:				
Return:				
			Verlust:	
			Verlust %:	

Ereignis:				
Anbieter:				
Wette:				
Quote:				
				gesamt
Einsatz:				
Return:				
			Verlust:	
			Verlust %:	

Berechnung des Kelly-Anteils für die Value-Bet-Strategie

Nr	Ereignis	Wette	Quote Q	Wahrsch W	Chance C = Q•W −1	Gewinnquote G = Q − 1	Kelly-Anteil K = C : G

Wettkonto-Verwaltung für Value-Bet-Strategie

Guth. 1	Nr.*	Ein satz	Ret urn	Guth. 2	Nr.*	Ein satz	Ret urn	Guth. 3	Nr.*	Ein satz	Ret urn	Guth. Ges.

* Nr. aus der Tabelle zur Berechnung des Kelly-Anteils

Abschließend bleibt mir nur noch, Ihnen viel Spaß und vor allem viel Glück bei der Anwendung meiner Strategie zu wünschen!

Herzlichst
Petra Wolff